英語教育史
重要文献集成

[監修・解題] 江利川 春雄

■第3巻■ 英語教授法 2

◆英語教授法集成
杢田與惣之助 著

ゆまに書房

凡例

一、「英語教育史重要文献集成」第一期全五巻は、日本の英語教育史において欠くことのできない重要文献のうち、特に今日的な示唆に富むものを精選して復刻したものである。いずれも国立国会図書館デジタルコレクションで電子化されておらず、復刻版もなく、所蔵する図書館も僅少で、閲覧が困難な文献である。

第一巻　小学校英語
第二巻　英語教授法一
第三巻　英語教授法二
第四巻　英語教授法三
第五巻　英語教育史研究

一、復刻にあたっては、歴史資料的価値を尊重して原文のままとした。ただし、寸法については適宜縮小した。

一、底本の印刷状態や保存状態等の理由により、一部判読が困難な箇所がある。

一、第三巻は、『英語教授法集成』（一九二八）を復刻した。この本は戦前における最も包括的な英語教授法書だが、手書き謄写刷の非売品のため、現在一〇冊ほどが確認できるだけである。枩《まつ》田《だ》與《よ》惣《そ》之《の》助《すけ》（著作兼発行人）『英語教授法集成』謄写刷・非売品、一九二八（昭和三）年一月二〇日発行、印刷所は株式会社開明堂（静岡県浜松市）、菊判四九四ページ（ただし、原本は途中でページの打ち間違いがある）。

原本は表紙、背、扉、奥付は活版だが、本文はすべて手書きで、習字の半紙のような薄紙に謄写刷りされ、袋とじで製本されている。筆跡から、忝田を含めた六人が筆耕したと推定できる。

一、本巻の原資料は判読しにくい部分があるため、復刻に当たっては江利川所蔵本を基本に、県立広島大学附属図書館所蔵本、日本英語教育史学会赤祖父文庫所蔵本を参照し、最も印刷状態の良いページを原版とした。それでもなお復刻版で判読が困難な箇所については、原本を判読して書き起こし、解題の末尾に附録として収録した。

一、復刻に当たって原本閲覧の便宜を図っていただいた県立広島大学附属図書館、同大学の馬本勉教授、日本英語教育史学会、および複写と書き起こしに協力をいただいた上野舞斗氏（和歌山大学大学院生）に感謝申し上げる。

英語教授法二　目次

英語教授法集成

英語教授法集成

杢田與惣之助著

英語教授法集成

夽田與惣之助著

英語教授法集成

夽田與惣之助著

序

「近世語教授を如何にすべきか」といふことは現今吾界の教育界の最重要なる問題である。故に之が解決は苟も教育に関する者の皆切望する處であるが之は至難なる問題であつて、幾多の研究があるにも拘らず未解決に止つてゐる。

併し實際教育者としては、此の解決を待つて後に當るといふわけには行かぬ。實際教育者としては、せめては本問題の過去と現在と、將來の趨くところとを見て、自分の態度を定めねばなるまい。

本書は此態度を定める上の參考として、必要と思はれるものを綴つたに過ぎぬ。從つて、其の中には或は新研究と稱し、或は卓杖と號す可きものは少く、否、全く無いかも知れぬ。然れども、此の目的のための書物としては、今日まで出た澤山の良書の間に割込まして貰ふだけの何物かを有してゐるかも知れぬ。

昭和貳年九月

松田與惣之助

一、本書の目的は世界に於ける近世外國語教授の現況を明にせんとするにある。

二、著者は右の目的の爲に本書の記述を客觀的に傾け、又盛に引用をした。然れども著者の主観は固より全体に通じて居ると信ずる。

三、本書は小学校及中等学校の語学教師は勿論一般教育者の一讀を望むものである。

四、本書は著者が曾て某校の生徒に講義した原稿を基として、之に添削を加へたものである故に或部の讀者には精粗太に宜を得ざるものがあり、又引用餘りに多いとの非難を免れまいと思ふ。

併し之は著者の甘受する所である。

五、著者は本書著述に當つて参考引用した書は大抵は之を其都度明記したけれども往々之を落した所がある。之は讀者及原著者に謝する所である。

教授法研究参考書

外山正一　英語教授法

内村鑑三　外國語研究法

八杉貞利　外國語教授法

岡倉由三郎　最近外國語教授法

Brebner ; — The Methods of Teaching Foreign Languages in Germany.

Jesperson ; — How to Teach a Foreign Language.

Gouin ; — The Art of Teaching and Studying Foreign Languages.

Sweet ; — The Practical Study in
Foreign Languages.
Cloudesley Brereton ; — The Teaching
of Modern Languages.
Breul ; — The Teaching of Modern
Foreign Languages.
Holmes ; — The Modern Language Teaching.
Painter ; — History of Education.
Comperé ; — History of Education.
Browning ; — History of Education.
Schmidt ; — Geschichte der Erziehüng.

英語教授法集成

目次

○附錄

明43、

文部省英語教授法調査會報告書

目次終

第一章 本邦に於ける英語の略史

第一節 本邦洋學略史

◎本邦に於ける英語の現況の、極めて盛なるものあるは、皆人の知る所なるが、然かく盛なる英語も、其本邦に輸入せられた当時は決して今日の人の考へ及ぼさざる程の微々たるものであった。然らばその微々たる英語が如何にして この盛況を呈するに至ったのであるか、 これ吾人の先づ知らんと希ふ所である。處が本邦の現在を見るのに、英語以外尚他に相當盛況を呈して居る外國語が存在して居る。 例へば独語、仏語等の所謂近世外國語の類之である。其故に英語の歴史を知るのには之等の略史をも知りたい、又本邦今日の所謂洋学なるもの、發達の歴程といふものは、本邦の英語及其他の外國語の歴史を知るのに、当然接觸せざるべからざる性質のものである。故に吾人は茲に本邦の英語其物の歴史を研究するに先だちて、本邦洋学の略史をしらべて見ようと思ふ。

◎扨て本邦に於ける洋学の起原は何時であるか、之な中々古い事であつて、西暦第十六世紀、本邦で足利時代の末にある。即、西紀一五〇一年、我が後柏原天皇文亀一年、将軍足利義澄の時に、西班牙、葡萄牙の両國人所謂当時の南蛮人が、貿易と、基督教の布教のために来航して、我國人に鉄砲を傳へた時にある。併しこの鉄砲傳来については別の記があつて、其によると西紀一五一〇年、我が後柏原天皇永正七年であるとしてある、兎に角此頃に西、葡両国人と我邦人との接觸があつたのである。其後南蛮の船の九州辺に来るものが、其数を増して来て、我からも彼等の國に行つて来たものがあるといふ。かくて後 基督教の宣教師が来るやうになつて而して大永年中(一五二〇年代)「中國描談」といふ天文書が出版せられてゐる。西紀一五四一年、我が後奈良天皇天文一一年将軍足利義晴の時葡船種子島に漂着し爾後度々入来したが西紀一五四三年我が後奈良天皇天文一二年に来た時に、日本人アンゲルといふものがあり、三十五才であつて、葡語、拉典語を研究したこれは「西教史」にいふ所である。而して此人は彼地に至り、一五四九年、我が後奈良天皇天文一八年将軍義輝の時に帰朝して、聖書を邦語に訳し等して、基督教の傳播に努力した、又此年にジェスイット教会の牧師フランシスザビエーが鹿児島に来て布教に努力した。かくてキリスト教は漸く我國に弘布せられんとして居たが、西紀一五八七年我正親町天皇天正一五年豊臣秀吉が基督教を禁ずるに至つた、この後十年して即ち一五九五年我が後陽成天皇文禄四年、秀次の時に和蘭人が始めて東洋に来たので、此年に「羅葡和対訳語彙」の出版があり、翌慶長元年に蘭船の土佐沖に漂着するものがあつた。此時は天下大に事あるの秋であつて、一六〇〇年即慶長五年には関ヶ原の戦争といふ大事件があり、天下は遂に豊臣氏の手を去つて、徳川氏の掌中に納められたといふ時である。而して恰も此時英蘭船一艘和泉国堺港に来て、通商貿易を請求した。幕府は命じて江戸に廻航せしめ、事情のために江戸に淹留せしめることゝした。船中英人の頭は夫の三浦安針であり、蘭人はヤンヨウスである。英人及蘭人と邦人の交渉は深いものがあつたであらうといふことは推定が出来る。一六〇八年後陽成天皇慶長一三年秀忠の時蘭人肥前平戸に来て、貿易に従事し、又日本で唯一の厳然たる居留地を作つて居た。併し一六三〇年我が明正天皇寛永七年に禁書の令が発せられ又一六三八年我が明正天皇寛永一五年家光の時に島原乱が生起し、幕府は外人の取締を厳にするの要を感じたるか、平戸居留地の住宅取崩を命じ、又一方には一六三九年に宗門改の事あり、長崎に居る英人種蘭人種のものは之を海外に放逐した。併し一六四一年寛永一八年に至つて和蘭人は唯長崎の出島にのみ居留して貿易することを許された。かくて彼等は紅毛人と称せられて、鎖国せる本邦の一角に、西欧文明の小天地を作つて居たのである。かくの如くにして數十年を経たのであるが、此の間に鳩野宗巴（一六四一―一六九七）は國禁を犯し和國に行き医を学んで帰つて来て元禄十年に卒してゐる、一七〇九年我東山天皇宝永六年将軍家宣の時伊太利から羅馬傳教師が来て新井白石は蘭人の通弁を介して、之と交渉し、而して其問答する所を記して「西洋紀聞」を著した。又白石は一七一二年、我が中御門天皇の正徳二年家宣の時に和蘭の使に就いて研究して「采覧異言」を著し、又其他に「西洋圖説」、「阿蘭陀風土記」「外國通信事略」等をも書いた。之によつて人皆白石を以つて本邦洋学の祖とする。けれども之より前に長崎の人西川如見は一六九五年に既に「華夷通商考」等の著があるから西川が祖たるべきである。一七二〇年我が中御門天皇享保五年は洋学の発達史中大に記憶すべき時である。如何となれば此年は吉宗将軍の卓識によつて一六三〇年以来の洋書船載の禁が解かれたからである。勿論此時にも教書の播読は之を除外した。けれども洋学は此の解禁の為に著しく其の歩武を進むるを得るに至つた。吉宗は又一七三九年桜町天皇の天文四年に青木昆陽に命じて和蘭人の天文地理の書を読ましめた。且又一七四四年桜町天皇延享一年には昆陽をして蘭書を講ぜしめた。之れ実に邦人の洋書を講ずる始である。併し昆陽の実力は極めて薄弱なるものであつて、其の記憶して居た語数僅々五百余であつたといはれて居る。これからは長崎の通事の西善三郎、吉雄幸作等に是迄に禁ぜられてあつた時所の通事の者か洋書を読んではならぬといふ禁が解け洋学は実に帆を順風に上げるが如くである。一七七一年我が後花園天皇明和八年将軍家治の時、中津藩医前野良沢昆陽に就いて蘭書を学び、後更に長崎通事西、吉雄等につきて蘭書を講習して、後に桂川甫周、杉田玄白と相會して、蘭書を和訳して「解体新書」を作った。是が蘭書和訳の嚆矢である。此時の飜訳の苦心の程は到底今人の想像し得ざる位である。「蘭学事始」に玄白が始めて西善三郎を訪ひ蘭語を学びたりといへる事を記して曰ってある。

× × × ×

「善三郎聞きて、それは必ず無用なり、夫は何故となれば、彼辞を習ひて理会するといふは難き事なり、たとへば湯水また酒を呑むといふかと問はんとするに、最初は手真似にて問ふより外の仕方なし、酒を飲むといふ事を問はんとするに、先づ茶碗にても持ち添へ、徳注ぐ真似をして口につけて、是はと問へば、うなづきてデリンキと教ゆ、是即ち呑むことなり、さて上戸と下戸とを問ふには、手真似にて問ふべき仕方なし、これは數々のむと少々呑むにて差別別かるなり、されども多く呑みても酒を好まざる人あり、又少々呑みても好む人あり、是は情の上の事なればなすべき術なし」云々。

又かの書の成りたる事を記して曰く

「翁は一たび彼圖解剖の書を得、直に実験し、東西千古の差である ことを知り明らめ、治療の実用にも立て世の医家の業にも発明ある 種にもなしたく一日も早く此一部を用立つ様になし見度と志を起せ し事ゆへ、他に望む所もなく、一日会して解するまでは其夜飜訳し て草稿を立て、それに付きては其訳述の仕方を種々様々に考へ直 せし事四年の間、草稿は十一度まで訳しかへて板下に渡すやうになり 遂に解体新書飜訳の業成就したり」。と

× × × ×

◎良澤は又其他に和蘭訳文略、蘭訳筌等語学に関する書物 を著はした。玄白も飜訳に従事して、大に語学に貢献した。世に白石、 良澤、玄白を蘭学の四大家として居る。

玄白の弟子に蘭化あり、「和蘭譯文畧」「蘭訳筌助語参考」「蘭語隨筆」「古言考」「點例考」等の著あり、蘭化亭訳文式とて直訳して右に意訳するの方法はこれから行はれるに至つたのである。 又大槻玄澤（磐水）は玄白、良澤を師として蘭学を研究し一七八三年、我が光格天皇天明三年将軍家治の時に「蘭学楷梯」といふ書物を書いた。

かくの如く蘭学が独り盛であつたが、一七九二年我が光格天皇寛政四年将軍家斉の時に露国使節、事を以て蝦夷地に来るに會し、桂川甫周は「北槎聞略」を作つた。 而してこれ実に露学の始である。

◎一七九六年光格天皇寛政四年将軍家斉の時稲村三伯（海上隨鴎）といふ人が彼此対訳の書を著はし「波留《ハル》麻《マ》和解」といつた。

◎一七九九 寛政二年宇田川玄真が「医範提綱」を著した。 玄真は飜訳方法について大に長ずる所があり、学者依つて以て飜訳の標準を得たといふことである。

一八〇八年光格天皇文化五年将軍家斉の時英船長崎を侵し辺警日に聞へるといふ有様であった。其所で幕府は急に伊豆相模の方面に砲台を設け、又一方「長崎譯官ノ才学アル者ヲ撰ビ露英両國ノ語学ヲ学バシム。五年戊辰文化更ニ譯官ニ命ジ両國ノ語ヲ兼学セシム」。(外交志稿二十四学術宗教)といふことをやった。即ち英学は茲に一八〇八年に於て我国に語学として生れたのである。かくして一八一一年文化八年には江戸に飜訳局を設け、大槻玄澤、馬場佐十郎、宇田川玄真等が其局に当った。一八一六年文化一三年に玄澤が「蘭学凡」といふ文法書を著はした。西洋文法書の始である。

一八二六年仁孝天皇の文政九年将軍家斉の時青地林宗「気海観瀾」を記述し、西洋究理の学を開し、之を理学の始とする。

◎一八三九年仁孝天皇天保一〇年将軍家慶の時宇田川榕庵(玄真の養子)「舎密開宗」を著し、始めて化学を起す。

以上叙述する如く、洋学の発達は実に著しいものであるが、茲に一つの傾性を来した。其は一八四〇年天保一一年に幕府が天文方に令して洋書翻訳から成って居る暦、天文、医の諸書目を世上に傳播せしめざらしめた事之である。一八四七年孝明天皇弘化四年川本幸民が「気海観瀾広義」を公にした。此頃藤井三郎が「英文範」を著した。これが英学の始である。

一八四八年嘉永一年 村上英俊が佛学を始めた。

⑩かくの如くして蘭、英、露、仏の学 皆盛はるに至った。併し茲に稍警戒を要する傾向があったからして、幕府は嘉永二年に翻訳に制限を加へて、政治上有害の恐あるものゝ翻訳を禁じた。然るに一八五三年嘉永六年米国使節ペリ浦賀に来るに及び、茲に開国の聲あり、米、露、英、仏、蘭の諸国と條約を結ぶに至って、世人漸く洋学に対する注意を高めて来た。かくして一八六〇年萬延一年には新見豊

前守正興、村垣淡路守範正を使節として米国に遣はし、二三の者之に随行した。萬延一年には福澤範子園氏、「華英通語」を著し一八六二年文久二年幕府は内田恒次郎、榎本釜次郎、伊藤玄伯、林研海等を蘭国に遣はして修学せしめ、慶弘一年には市川文吉、小澤圭二郎、等露国に留学し、同二年には中村敬助、箕作奎吾等英国に留学し、同三年には徳川昭武、箕作貞一郎等仏國に留学した。

◎以上叙述するが如き経過によつて、茲に洋学は明治の世に入ることゝなつた。而して維新後に於ける洋学は所謂長足の進歩をして、日に月に隆盛に赴き、以つて今日の如き光輝ある文明を作つたのである。

第二節　本邦に於ける英語の略史

◎一六〇〇年後陽成天皇慶長五年関ケ原の大戦があつて、天下は徳川氏に記歌するし、江戸は政治の中心となつた、此年に英蘭船が泉洲堺に来て、通商貿易を求めた。幕府は命じて江戸に廻航せしめたが、船が難風に會つて、浦和で破れ、為に船中の英蘭人は上陸して江戸に達し、貿易を許された。併し帰るべき船も無くて江戸に淹留し、此間英人蘭人の頭人は各屋鋪を與へられ、又時々城中に召されて外邦の事を問はれた。蘭人ヤンヨウスの居所を今八重洲河岸と称するし、英人アンジンの居所を今安針町と称して居る。アンジンは即三浦安針の事である。之が邦人と英人との接觸の所である。

一六〇八年後陽成天皇慶長十三年和蘭人のみは通商貿易の許可を得て、肥前平戸に屋鋪を構へ、やゝ見るべき居留地を造つた。然るに一六三八年明正天皇寛永十五年島原乱があり、徳川政府が一切外人に対しての警戒を厳にするやうになつて、平戸の居留地は取崩を命ぜられ、又翌一六三九年になつて宗門改めがあつて、同時に長崎平戸に居る英蘭種人皆外海に放逐せられたとの記事がある。然れば当時英人が我邦に在つたことは知れる。一六四一年に和蘭人のみは出島に居留を許さる。従つて蘭語は自ら我国に入つたけれども、英語は我に入るの機会を得なかつた。かくて一八〇八年光格天皇文化五年英船が長崎に侵入して来るや辺警日に聞へ、幕府乃ち伊豆相模沼海の地に砲台を設け、「長崎訳官の才学ある者を撰び露英両國の語学を学ばしめた。五年戊辰文化更に訳官に命じ両国の語を兼学せしめた。……（外支志稿）」。一八一一年文化八年江戸浅草天文台中に新に飜訳局を設け、大槻玄澤、馬場佐十郎、宇田川玄真等をして飜訳を司らしめた。宇田川榛斎の弟子に藤井方亭あり、蘭学医学を修む。次子に三郎といふがあり、幼聡慧、夙に英学に志し、著書「文範」がある。蓋これ英学を講ずる始である。（近世名医傳）。　一八五三年孝明天皇嘉永六年　米國使節ペリ　浦賀に来るに及んで、英語其他の外國語に対する本邦人の注意を喚起し、一八五六年孝明天皇安政三年九月十二日應接書中に英学並対通弁の事と書し「英語修業の義も厚々申渡有之候也云云」といひて「英学勵方今般仕法取調候様にも可仕哉と奉存候云云」と称した。かくて一八六〇年孝明天皇万延元年には新見豊前守正興、村垣淡路守範正を使節として米國に使し、二、三又従へる者があった。此年福澤（範子圍）氏の「華英通語」の発行があり、其凡例に「余孝二英語一日猶浅矣」といってある。一八六二年文久二年になり中村敬助、箕作奎吾等を英國に留学せしめた。かくて明治四、五年の頃より英学を学ぶもの大いに増加したが十四五年に至りて大いに隆盛に赴き、十九年森文相の時に小学校に英語を加へるに至った。

◎吾人は英学の紹介者として、又奨励者として、福翁及中村翁を記さねばならぬ。何となれば三田の慶應義塾と、小石川の同人社とは、実に英学をして今日の如く普及せしめたものであるからである。

第二章 本邦普通教育に於ける外國語科の歴史

第一節 小學校

本邦小學校に於ける外國語(英語)科は明治一九年森文相の時の小学校令に始まる。今当時の法令を見るのに小学校を尋常高等の二等とし、高等小学校の学科を修身、讀書、作文、習字、算術、地理、歴史、理科、図画、唱歌、体操、裁縫(女児)とし、土地の情況によつては、英語、農業、手工、商業の一科若くは二科目を加へ、又唱歌は之を欠くことを得しめたのである。尚当時は府縣知事をして課程表を作らしめたのであつて、之を見ると英語は第一学年から第四学年迄あつて、一週の度数時数共に三であり、綴方、讀方、書取、習字等である。又英語は讀書、算術、理科、唱歌の時間を斟酌して之を課したのである。即ち英語科は高等小学校の随意設置科として存在したのである。(尋常小学校には現今に至るまで英語を課したこと無いから以下之ははないことにする。）

明治二十三年で明治十九年の小学校令を廃し、新に小学校令を公布し、高等小学校の教科目を修身、讀書、作文、習字、算術、日本地理、日本歴史、外国地理、理科、図画、唱歌、体操とし女児のために裁縫を加へ、土地情況によつては外國地理、唱歌の一科目若くは二科目を欠くことを得、又幾何の初歩、外国語、農業、商業、手工の一科目若くは數科目を加へることを得しめた。之によると英語科といふ名は無くなつて外國語科といふ廣い名が用ひられたのである。故に其の教授する外国語も英語に限らぬのは勿論である。併し実際に於ては皆英語を採用したので、この変革は形式上に止まつたのである。

二十四年小学校令を改正し、高等小学校の補習科の内にも外国語科を加へることを得しめたが、之は随意科とすることが出来たのである。又同時に高等小学校の随意科を定めて外国地理、唱歌、幾何の初歩、外國語

農業、商業、手工は之を随意科とした。尚同令教則大綱に曰く、

高等小学校ノ教科ニ外国語ヲ加フルハ将来ノ生活上其ノ知識ヲ要スル児童ノ多キ場合ニ限ルモノトシ、読方、訳解、習字、書取、会話、文法、及作文ヲ授ケ外国語ヲ以テ簡易ナル会話及通信ヲナスコトヲ得シムベシ。外國語ヲ授クルニハ常ニ其発音及文法ニ注意シ、正シキ国語ヲ用ヒテ訳解セシメンコトヲ要ス。

以て当時の外国語科の目的を知るに足る。

かくて二十七八年の戦役を通過した後には諸種の方面に改正を加へたが小学校令は三十三年に更に改正せられ、高等小学校の教科を修身、国語、算術、日本歴史、地理、理科、図画、唱歌、体操とし、女児のためには裁縫を加へ、修業年限二箇年の高等小学校では理科、唱歌の一科目、若くは二科目を欠き、又は手工を加へることを得しめ、修業年限三ケ年以上の高等小学校では男児のために手工、農業、商業の一科目、若くは数科目と

加へた。但し教科目を加へる場合に於ては児童は其一科目を学習せしめられた。又修業年限三ヶ年以上の高等小学校では唱歌を欠き、又は女児の為には手工を加へることを得しめた。修業年限四年の高等小学校では英語を加へることを得しめ、而して前述の加へることを得る教科目は之を随意科目と為すことを得るとした。かくの如く英語科といふ名が再興したのである。又同施行規則に

英語ハ簡易ナル会話ヲ為シ、又近易ナル文章ヲ理解スルヲ得シメ、處世ニ資スルヲ以テ要旨トス。

英語ハ発音ヨリ始メ、進ミテ単語、短句及近易ナル文章ノ讀ミ方書キ方、綴方並ニ話シ方ヲ授クベシ。

英語ノ文章ハ純正ナルモノヲ選ビ、其ノ事項ハ児童ノ智識ノ程度ニ伴ヒ、趣味ニ富ムモノタルベシ。

英語ヲ授クルニハ常ニ実用ヲ主トシ、又発音ニ注意シ、正シキ

國語ヲ以テ訳解セシメンコトヲ務ムベシ。

と云ひ、又其の設置は

◎英語。英語ヲ加フル時ハ女児及第一学年第二学年ノ男児ノ為ニ生エヲ加フルトキハ学校長ニ於テ他ノ教科目中ノ毎週教授時數中ヨリ二時以下ヲ減シ之ニ充ツベシ。

とした。之によつて見ると英語科はあまり重く見られざるやうになつて来たのである。

然るに茲に三十七八年の戦役があつて、国家が一大進歩をしたに會し小学校令も亦四十年に改正せられるに至り、義務教育年限の延長に伴つて英語科の上にも影響を受け左記の如くなつた。

小學校令（四十年改正）

第二十條　高等小学校ノ教科目ハ修身、国語、算術、日本歴史、

地理、理科、図画、唱歌、体操トシ女児ノ爲ニハ裁縫ヲ加フ。

前項教科目ノ外、手工、農業、商業ノ一科目又數科目ヲ加フ。其數科目ヲ加ヘタル場合ニ於テハ、児童ニハ農業商業ヲ併セ課スコトヲ得ズ。

土地ノ情況ニ依リ英語ヲ加フルコトヲ得。

農業、商業、英語ハ之ヲ隨意科目ト爲スコトヲ得。

第二十三條　小学校ノ教科目ヲ加除シ若ハ隨意科目ト爲シ又ハ第二十条第二項ノ教科目ヲ定メントスルトキハ市町村立小学校ニアリテハ設立者ニ於テ府縣知事ノ認可ヲ受クベシ。

其後変遷を経て居るが、現今の小学校令及び施行規則は左の通りである。

高等小学校ノ教科目ハ修身、国語、算術、日史、地理、理科、図画、手工、唱歌、体操、実業（農業、工業、商業ノ一科目又ハ数科目）トシ、女児ノタメニハ家事、裁縫ヲ加フ。土地ノ情況ニ依リ前項数科目ノ外、外國語其ノ他必要ナル教科目ヲ加フルコトヲ得。

前項ノ教科目ハ之ヲ随意科目ト為スコトヲ得。

外國語ハ日常簡易ノ英語ヲ習得セシムヲ以テ要旨トス。

外口語ハ発音、綴方ヨリ始メ簡易ナル文章ノ読ミ方、話シ方、綴リ方、書キ方ヲ授クベシ。

外口語ヲ授クルニハ成ルベク日常ノ生活ニ関聯セシメテ其ノ理解ヲ容易ニシ練習ニ重キヲ置クベシ。

×
×
×
×

第二節　中學校

中學校は明治五年の学制を以て始まる。当時の制にては中学校を別ちて下等中学科、上等中学科となし、下等中学科の教科目を國語学、數学、習字、地学、史学、外国語學、理学、画学、古言学、幾何學、記簿学、博物学、化学、修身学、測量学及奏樂の十六科とし、上等中学科は国語学、數学、習字、外国語学、理学、罫画、古言学、幾何、代數学、記簿法、化学、修身学、測量学、経済学、重学、動植地質鉱山学の十五科とした。之によって見ると、外国語科といふものは下等上等の両中学科に於て教授する様にしたのである。而して之等外国語は両中学共六級より一級まで皆課したのである。

所が当時学術の進歩不充分であって、直に中学の正科を教授しやうとしても、適当の教師及圖書がなかった。其故にむしろ外国語で中学程度の学科を教授する方が利益である。且當時外国語学習の熱が盛であつたからして、同年十月に新に外国教師のみで教授する学校の制を立て、英、佛、独、語何れを以て教授するも随意とした。此中学では外国語の習字、綴字、讀方、暗誦、会話、書取、文法、作文等を教授した。明治六年に邦語で教授する中学校の教則を改正したが、外国語を教授したことは学制のものと異ならなかつた。一体此時の中学校は前述の如く正科が澤山あるけれども、多くは漢学、數学、英語等を教授する、変則中学の類であつた。

明治十二年九月教育令発布あり十三年之を改正し、十四年教則大綱を定め、中学を初等、高等の二つとして、初等中学は修身、和漢文、英語算術、代數、幾何、地理、歴史、生理、動物、植物、物理、化学、経済、記簿、習字、図画、及唱歌、体操とした。但し英語は之を缺ぎ、又佛語若くは独語を以つて之に代ることを得しめた。高等中学は初等中学の修身、和漢文、英語、記簿、図画、及唱歌、体操の續に三角法、金石、本邦法令を加へ、更に物理化学を授くるものとした。

明治十九年に中学校令を出し、高等、尋常の二中学とした。この高等中学は今の高等学校である。尋常中学の学科は倫理、国語、漢文、第一外国語、第二外国語、農業、地理、歴史、数学、博物、物理、化学、習字、図画、唱歌及体操とし、第一外国語は通常英語とし、第二外国語は通常独語若くは佛語とした。但この第二外国語と農業とは其一を欠くを得しめた。

明治二十七年三月尋常中学校学科及程度を改正して学科を倫理、国語及漢文、外国語、歴史、地理、数学、博物、物理及化学、習字、図画体操として、第二外国語と農業を削った。而して第二外国語削除の理由として普通教育に於て二つの外国語を教授するの要なきこと、又実際の成績に據ても一外国語すらも学習大いに困難であるからして、第二外国語を除いて一外国語の時間を多くしたのであるといつた。今其時間を見るのに前令では第一外国語の五年間の時間が二十八時間であつたのが、此では三十四時間になつてゐる。

此後一二の変更があつたが、明治三十二年二月中学校令を改正し、三十四年に同施行規則を出し、中学校の学科を修身、国語及漢文、外国語、歴史地理、數学、博物、物理及化学、法制及経済、図画、唱歌、体操とし、外国語は之を英語、独語、又は仏語とした。之が現行のものの基礎である。之を見るに中学校の外国語は時に外国語科となり、時に英語科となつて来てゐるが、英語が大に用ゐられたことは明である。現在外国の中学の中でも、大抵は英語を教授して居るので、独語、仏語を教授する学校は僅十の指を屈するに止まる位である。

第三章　歐米普通教育に於ける近世外國語

第一節　小學校

◎吾人は上来我國に於ける洋学の発達、英語の発達及小学校及中学校に於ける英語科の発達を研究した。故に茲に更に欧米諸國の小学校及中等学校に於ける近世外國語科の現況を研究して見ようと思ふ。

第一　米國

米國小学校の制度は各洲各別であるからして、米國一般に通ずるの課程は之を知ることは出来ぬ。其故に吾人は左にセントルイ市小学校の課程表を示さうと思ふ。表中の數字は毎週教授度數を示すものである。

學科＼学年	讀方	正字法	習字	算術	地理	文法
一年	二〇	二〇	五	五		
二年	一〇	一〇	五	五		
三年	五	五	五	六	四	
四年	五	四	四	五	四	
五年	五	四	四	五	四	
六年	五	四	四	五	四	
七年	三	三	三	五	四	三
八年	三	三	三	五	三	三

歴史							三	三
理科	一	一	一	一	一	一	一	一
図画	五	四	四	三	三	三	三	三
音樂	各學年に通じ各日十五分づゝ							
英語	三	四	四	三	三	三	二	一
独語	五	五	五	五	五	五	五	五

ⓒ 更に今米國の國民教育協會で定めたものを見るのに、読方、書方綴方、ラテン語、仏語又は独語中の一科、算術、代數、地理、理科及衛生、米國史、米國憲法、世界史、体操、唱歌、図画、手工或は裁縫及料理となつて居る。

ⓒ かくの如く米國では小学校に近き外國語を課して居る。而して其の教授はセントルイ市のでは第八年に於て毎週五度づゝとしてあるし、國民協會のでは第一年から第八年まで毎週五度となつて居る。今其の教授法について

「米国現時の教育」中にカワード氏の報告がある。曰く「市俄古小学校では總て上級生に独乙語を授け余の見物せる某小学校の此科の授業は一切會話的にて甚だ卓越せるものなりき」と。以て一端を知ることが出来る。

第二　英國

英国の初等教育には種類が色々ある。今イングランドに於ける初等学校について見るに、イングランドの小学校は程度の上から三種ある。即ち第一はインフワントスクール、第二はスクールス、フォワ、ヨールダー、スカラー、第三はハイヤー、エレメンタリ、スクールである。而して之等各校の教科は左表の如くである。

第一（三才乃至七才）

讀書、算術、實物、針仕事、図画、唱歌、体操、

第二（七才乃至十六才）

英語、算術、図画（男児）針仕事、地理、歴史、鉱物、唱歌、体操、代數、幾何、測量、機械學、化学、物理、生理、衛生、動物、農業、園藝、航海術、ラテン語、佛語、ウエールス語（ウエールスに於て）、独語、簿記、速記、家事経済、図画（女生）針仕事（男生）料理、洗濯、搾乳、家政、園藝、手工、

右の中英語から体操までの九科は必須科であって代數から針仕事までの二十一科は視学官の適当と認めたる時一科又は一科以上を授ける。料理以下のものは政府からの補助金を受けてやる。

第三（十才乃至十五才）

之は将来科学應用の職業に従事するものに教授するので其目的のために教科は定めてある。之では一外國語を課するのが常である。

かくの如く英國では吾國の高等小学に相当するものに於て随意科的に仏語、独語を課するのである。

第三　獨國

◎独國の初等教育に於ける教科目は、各邦々によつて異つて一定してゐない。併し大低の邦でフォルクスシューレといふ六年課程の小學校の教科目は大体に宗教、算術、歴史、地理、理科、経済、唱歌、図画、体操　女子のための手藝の類である、而して大都會にあるビルガーシューレといふ九年又は十年課程のものになると、前の科目の上に更に物理、數学、仏語、英語等を加へるので、又稀にはラテン語を課することもある。

◎之によると独乙では普通の小学校では外國語を課して居ないのである。但しハンブルグの学校では教授して居る。

第四、佛國

◎佛國の小学校には第一幼稚園、第二尋常小学校及補学校、第三高等小学校、第四徒弟学校及補習学校となってあるが、此の尋常小学校の科目は修身、及公民科、読方及書方、仏語、計へ方及メートル法、地理歴史及特に自國のもの、庶物教授及理科の初歩、図畫、音楽、手工裁縫の初歩、普通体操及兵式体操、であって、高等小学校は道徳教育、國民教授、仏語、仏國歴史、普通歴史特に近世史、仏國及殖民地地理、一般地理殊に商業地理及工業地理、外國語、法制経済、算術殊に商業に応用せるもの、代数幾何、簿記、理化博物殊に農工商に応用せるもの、幾何画法圖案、体操、男子のために木工金工、女子には裁縫、

◎修学年限三年の高等小学校では、二学年又は三学年の始から商業科工業科、農業科中の一科目、又は数科目に分つことが出來、二年の高等小学

校では実業科を附設出来るのである。

◎即仏国の小学校では高等小学校に外国語を課して居るので、其の外国語は独語と英語である。而して其の語学の教授法は大抵所謂新式によつてやつて且それで成功して居るのである。

第五　白耳義國

◎小學校は法令の定むる所の必須科を缺かさることとし其科目（必須）は、宗教及道徳、讀み書き、算術の初歩

法制上の度量衡法、仏語、フレーミッシュ語、独語中の一、

地理、國史、圖画、衛正の心得、唱歌及体操

にして此外女子には手藝を課し村落に在りては男子に農業を授ける年限は六年である。但時としては此外其の上に補習学年を設くることがある。

即此國でも小学校に外國語が入つて居る。

第六　和蘭國

◎和蘭の小学校の教科は初等高等の二科に分れて、初等科は読方、習字、算術、幾何初歩、地理、歴史、博物、及び物理、唱歌、体操、裁縫であり、高等科は仏語、独語、英語、世界史、数学、自在画、農業である、即此国では高等小学に外國語を二科も課してをる。

第七　丁抹國

◎学校に正小学校、副小学校、準備小学校、幼稚学校、冬期学校等の種類があって年限が違ふ教科も違ふ　ことに都会と村落と大に異なる、例へば教科の如きも都会では国語、宗教、習字、算術、歴史、地理、体操、唱歌、図画、裁縫、手工、家事、外国語を課するけれども村落では始めの七科のみを課するが如きである。

第二節　中等學校

第一　米國

米國に於ける中等教育は之をラテングランマー学校時代、アカデミー学校時代、アカデミー学校時代、公立学校時代といふ三時期を歴史上持って居るので今日は公立学校時代である。併し今日に於ける米國中等教育の機関は大学入学のみを目的とするアカデミーと、中等教育を施すのを目的とする高等学校との二者があるので、共に四年程である。之等の学校に於ける外國語は如何なる有様であるか、今之を研究せんとする、所が米國は自由を尚ぶ國である為に國定の中等学校課程もなく、州定のものもない。其故に之を一律に論ずることが出来ぬ、従って吾人は茲に二三標準的のものを示して見やうと思ふ。

第一　マサッセッツ州アンドヴァー市フイリップアカデミー課程

	学科/学年	英語	ラテン語	ギリシャ語	仏語	独語	代数	幾何	歴史	理科	化学	植物
古典科	四級	四	六				二			二		
	三級	二	五	四	四	四	二					
	二級	二	五	五	(一)	(一)	二		三			
	一級	上記ノ外[illegible]ニ於テ[illegible]、三角、[illegible]、地理、博物ノ中ヨリ一二[illegible]ヲ撰ミ[illegible]一週十八時間。										
理科	D	四	六				二	二		二		
	C	二	四		(四)	(四)	三	三			二	
	B	二	(二)		(二)	(二)	三	三	四		四	(二)
	A	上記ノ外[illegible]ニ三時間、[illegible]、地理、博物、経済、物理ノ中ヨリ[illegible]ヲ[illegible]一週十八時間										

第二、ミネソタ州制度高等学校課程。

一、ラテン理科学

学科＼学年	一	二	三	四
英語	五	五	五	五
ラテン	五	五	五	五
數学	五	五		五
歴史		二	五	
理科	五		五	五

二、文学科

前課程の中ラテンの代りに独語

三、古典科

ラテン理学科の中ラテン語の代りにギリシヤ語。

四、英語科

ラテン理学科の中のラテン語の代りに植物学、フィミオグラフィー、簿記、法制、歴史、経済、其他青年の普通に修むる科目中四科を選ばしむ。

之によって見ると米国の中等学校では仏語又は独語が課せられてある。

第二 英国

英国の中等学校は種々あるが、其の標準となるものはパブリックスクールである、之はクラシカル、サイドと、モダーンサイドとに分れ、前者は独乙のギムナジューム、後者はレアルギムナジュームに当って居る、即前者はギリミヤ、ラテン語に、後者は近世語及理科的学科に重を置いて居る。所が之等の学校には別に一定の課程がない、皆校長の考によって定まるのであって、全国に通じてというものはない、併しクラシックカルサイド、及モダーンサイドに普通教授する学科は左の如きものである。

第一、クラシカル、サイド

宗敎、英語、ラテン語、ギリシャ語、仏語、歴史、地理、數学、物理、化学、図画、及唱歌等、

此他独語及ヴヰヲリン等の敎科は随意科とする、此中最も多く時間を排当するはラテン、ギリシャ語なり。

第二、モダーン、サイド

數学、英語、ラテン語、仏語、独語、歴史、地理、物理、化学、図画及唱歌等、

就中最も多く時間を排当するは、數学、自然科学、仏語である。

之で見ると英国の中等敎育では外国語中仏語が最も重きをなし、独語が之につぐの有様である。

第三　獨國

独国中等教育の代表者として、吾人は茲に「レヤルシユーレ」及「ギムナジユーム」を取り、其の教科目並に時数を表示し、以て彼国に於ける中等教育に於ける近世外国語の位置を見やうと思ふ。左の表で見ると「レアルシユーレ」の方では英語二〇時間、仏語三四時間であり、「ギムナジユーム」の方では、英語及ギリシヤ語が四〇時間、仏語が二二時間になつて居る。

レアルシユーレ

二ノ下	二ノ上	一ノ下	一ノ上	計
2	2	2	2	19
3	3	3	3	27
5	5	5	5	54
3	3	3	3	20
4	4	4	4	34
3	3	3	3	30
5	5	5	5	44
2	、	、	、	22
3	3	3	3	12
、	2	2	2	6
、	、	、	、	4
2	2	2	2	18
32	32	32	32	

. ギムナジューム

二ノ下	二ノ上	一ノ下	一ノ上	計
2	2	2	2	19
2	2	3	3	21
8	8	8	8	77
7	7	6	6	40
2	2	2	2	21
3	3	3	3	28
4	4	4	4	34
、	、	、	、	10
2	2	2	2	8
、	、	、	、	4
、	、	、	、	6
30	30	30	30	、

プロシヤの

学科＼年級	六	五	四	三ノ下	三ノ上
宗教	3	2	2	2	2
独語	3	3	3	3	3
ラテン語	8	7	7	6	6
英語	、	、	、	4	4
仏語	、	5	5	4	4
歴史地理	3	3	4	4	4
数学	5	4	5	5	5
博物	2	2	2	2	2
物理	、	、	、	、	、
化学	、	、	、	、	、
書方	2	2	、	、	、
図画	2	2	2	2	2
一週時間	28	30	30	32	32

プロシヤの

学科＼学級	六	五	四	三ノ下	三ノ上
宗教	3	2	2	2	2
独語	3	2	2	2	2
ラテン語	9	9	9	9	9
ギリシヤ語又ハ英語	、	、	、	7	7
佛語	、	4	5	2	2
歴史及地理	3	3	4	3	3
數学	4	4	4	3	3
博物	2	2	2	2	2
物理	、	、	、	、	、
書方	2	2	、	、	、
図画	2	2	2	、	、
一週時數	28	30	30	30	30

第四　佛國

仏国の中等学校の代表として吾人は「リツセー」を取り其の教科目及時數を示すことにする。

リッセーの学科

学科＼年級	初等科			文法科			高等科				計
	豫備	八級	七級	六級	五級	四級	三級	二級	修辞	哲学	
仏語 九年	10	10	8	3	3	3	3	4	5	、	49
ラテン 七年	、	、	、	10	10	6	5	4	4	1（ラテン・ギリシヤ）	$39\frac{1}{2}$
ギリシヤ 五年	、	、	、	、	、	6	5	5	4		$20\frac{1}{2}$
歴史地理 十年	4	4	4	3	4	3	3	3	5	3	36
数学理科 十年	4	4	4	3	4	3	3	3	5	9	42
英語又ハ独語 十年	4	4	4	3	3	2	3	3	3	1	30
哲学	、	、	、	、	、	、	、	、	、	8	8
図画	2	2	2	2	2	2	2	2	2	2	20
一週時数	24	24	24	24	25	25	25	25	27	24	、

此表では英語又は独語となつてあるが、之は共に随意科である。又随意科として伊語、西語、露語とも加へるのである。而して仏国に於ける傾向は希臘語を選択するもの、古語文藝を選択する者の数が漸次減少して近世語及科学を選択する者が漸次増加するのである。

第五　白耳義

白耳義国では中等教育に関する設が二つに分れて居つて、一は「アテネーン」といふ文科中学であつて、他は「エーコル、モアイヤン」といふ実科中学である。前者は大学に進む方で、更に別れてギリシヤ、ラテン語部、ラテン語部、近世語部の三になる。第一が独乙の「ギムナジユーム」、第二が「レアルギムナジユーム」第三が「レアルシユーレ」に当る、而して二の第三のものには第一、第二の外国語を課するのである。

第六　和蘭

和蘭の中等教育の学校は三種あって、其一は独乙のギムナジュームに當り、其二はプロギムナジュームに当り、其三はレアルシューレに当って居る。其の一と其の二の教科目はギリシャ語、ラテン語、口語、佛語、独語、英語、歴史、地理、數学、物理、化学、博物が必須科であり、之にヘブリュー語及体操科を随意科として居る。即同國に於ては必須科として二個の外口語が課せられて居るのである。

第七　丁抹國

丁抹の中等学校は二種ある、一は中学校で、他は高等中学校である。中学校の学科は丁抹語(簡單なる瑞典語も授く)、英語、独語、歴史、地理、博物、物理(化学を含む)算術、數学、習字、図画、体操、唱歌であり、之に手工を随意科として加へる、又上級に至ってはギリシャ語、ラテン語をも加へるのである。同國の中等学校は中学校之を代表するから他は之を省いておく。

第四章 本邦普通教育に於ける外國語の地位

第一節、近世外國語教授の一般的目的

◎吾人は之から本邦普通教育に於ける外國語の地位を研究せんとするのであるが、之に入るの順序として、先づ近世外國語教授の一般的目的を研究して見たいと思ふ。所謂一般的目的とは特殊的目的といふのに対しての語であるが、其の所謂特殊的目的といふのは、言語学者が其学問のために言語を研究したり、人類学者が其学問のために或言語を研究したりするのをいふのである。之に反して所謂一般的目的といふのは語学を研究すると、其の研究した人に当然に生じて来る一般的の利益であって、或る特殊の事項のためにのみ、又或特殊の人にのみ有効であるといふことをいはない利益をさすのである。

例へば今日英語を研究すれば、其によつては其の研究者の受ける利益な誰にでも殆んど共通的なものがある。誰でも一般に受け得る利益がある。其をいふのである。所謂近世外口語とは何ぞ、近世語とは拉典語、希臘語に対しての語である。がこの拉典語、希臘語の如き現に普通の談話とか、文章とかに用ゐない昔の言語を死語といふので、其の意味は現に活社会の用語として用ひられぬ、死んだ語であるといふのである。其所でいふべきは死語があるとすれば活語がなければならぬ理であるが、其は何であるか。これは現今の社会で用ゐられる言語である。即ち近世語之である。何となれば其は現在及近世の社会に行はれてゐる言語であるからである。其故に所謂死語は茲にまた古語といふ名を附けられるのである。以上説く所で吾人の所謂近世外口語といふことが明となり又其の「一般的目的」といふ語の意味も明になつて来た。即一般的目的は特殊目的に対し、近世語は古語に対する。別言すれば活語対死語である。具体的にいへば英、仏、独、露、日、伊、西等の語、対ラテン語、ギリシャ語、となるのである。其で之から二の近世外口語の一般的目的を研究したいと思ふ。

さて近世外國語学習の目的は何であるか。換言すれば近世外口語を研究修得すればどんな利益があるか。吾人はかゝる問題については、敢て他人の説を叙するの必要はないと信ずるけれども、併し又他人の説を調で見、又この問題について努力した先人の功を明にすることも決して無益であるまいと思ふから、茲に二三記して見やうと思ふ。

◎詩聖ゲーテはいった。「一外口語に曉通するのは一新世界を発見することである」、「一の外口語をも知らぬ者は、其自口語を充分に知らぬ者である」と。

◎近世外國語教授上吾人の決して忘るべからざる佛人グアン氏はいった。「吾人の身体と身体との交通のために「物質的鉄道」が必要である如く吾人の心と心との交通のためには、「心的鉄道」が必要である。而してこの鉄道は吾人をして外國の人の思想感情を充分に了解せしめるものであらねばならぬ。而してこの事にして行はれるとすれば、今日唯空言に終って居る「四外同胞」といふ語は実際の意味を持って来る称になるであらう。而して二の「心的鉄道」となるものは「言語」である云々」と。

◎又イエスペルセン氏はいはく

「外國語學習の目的は何であるか。吾人は本問に直に答ふるに先ち、母國語存在の理由を明にせんと欲する。何となれば、母国語存在の理由明白なるに至らば、外国語學習の目的も自ら明白となるからである。抑々吾人人類の言語の目的は、吾人社会的生活に於て、吾人の思想感情及欲望等を他人と交換し、以て他人の心中の或物を我に取り、我の心中の或物を他人に傳ふるにある。即、言語は幾多の精神間を結合する鉄路であって、其自身に目的なく、唯交通の方便たる點に於て、恰も鉄道線路の如きものである。然れども交通機関は單に鉄道のみでない。吾人は言語てふ二の交通機関以外、更に吾人の心中を披らぐべきものを有ってゐる。何ぞや、曰く、顔容、身振、の如き是である。

然りと雖も言語は此等諸機関中最完全にして、最豊富なる然かも最善の位置にある。如此言語は実に幾多の場合に於て各国人の精神間に横はる河川に架せる橋梁であつて、若し之なくんば、各国人は孤立隔離の生活を據なくせらるゝのである。

◎然れば則外国語学習の目的は何であるか 曰く、吾人の母国語てふ鉄路の達し能はざる幾多の場所との交通の鉄路を得ること是である。抑さ世界は広く、人類は多い。吾人の母国語の通ずる所は何等かの理由の下、吾人と思想の交換を望む者あるべく、吾人の識を與へ、思想を得んことを希ふ者の存在するや疑ひない。

外国語学習の要、実に茲にある。

◎併し、吾人の観過すべからざるは、可感的目的を以て可感的方法により、学習せらるゝ発音の事実は、其自身に於て多少重要なる諸能力を発展せしむるの傾向を有し、且又特に言語の教授は、学習者が、外国語に於て讀む所の内容より得る直接の実益以外、更に左の如き諸能力の極めて有効なる練習たることである。

一、觀察力

一、觀察したる事実を諸種の見地の下に分類する能力

一、観察により得たる材料より一般的法則を見出す能力

一、諸種の結論を抽出し、其従来遭遇せるもの以外の部分の場合に應用する能力

一、一般読書力、智的反省的讀書力

吾人が教授法の組立に於ては此等のことを考察せざる可からず云々」

◎ホームス氏曰く

「ギリシャ語、ラテン語の如き古語の研究は其々語を知るのが目的でなくって、心意の一定度の成熟を得しめんがため、又一層高尚なる研究のために不可缺なる、能力の一般的発展を目的とする。

併し活語研究は之と異って、其語を知らんがために研究するのである。科学者は他の文明国人間に生じたる科学上の進歩に伴ふの要があり、文学者は他国民の作物を了解し且批評するの能あるを要する、かゝる知識は教育ある人士が隣国人と知的の交通をやり、其隣国人の知識上、生産上、商業上の事に与り、其国人の公會並に議会に出席し、其の國人の思想、談話、文学と接觸せんがために種々の言語の話される国に於ては義務的のものである。

國民間の交通が頻繁になり、蒸気と電気とか、旅行のために大いに其使用を増して来る今日に於ては国民間の接觸が益々盛に行はれて来るので、外国語の研究は実に有益なるものとなるのである。其国の言語を使用し得ざる者が其国を旅行したとて何んな快樂が得られやうか。吾人は各初等高等の学校に於て外國語科が科目中に入れられる時を大に待つのである。」

◎マーセル氏は語学収得の時期として左の四期を示した。
一讀書の能力
二他人の話した事を了解する能力
三、其言語を話す能力
四、其言語で文章を綴る能力、
即氏は近き外国語の目的は読書力から進んで聴取力、談話力
作文力に到達するにあるといふのである。
◎又ヴィッヂェリー氏は
一、読書力を養ひ知識界の鍵を与ふること。
一、思想交通の道を開くこと。
一、新思想界に入り、固陋偏頗の思想を打破すること。
一、高尚なる思想の感化を受けしむること。
等を以て主なる目的として居る。

◎尚其他擧ぐればあるが、大同小異、其の要は前數者でつきて居る。
さて吾人は今之等の説を実検するに先ちて少しく費すべき數言がある。其は何であるかといへば近世外口語といふはすべて「言語」である、「國語」であるといふことである。一体言語には皆形式と内容の二方面がある。形式とは言語の形以下のことで、其の文字、発音、文の構成等をいふのであって、内容とは其等形式によって支持せられてある思想感情をいふのである。

其故に言語たる外口語の学習には、口語、言語として之等二方面からの利益を得ると共に、其が外口語であるがために特に得る所の利益もあるのである。故に外口語学習の利益は須らく此の両方面について考察するの要がある。

さて纏て前記諸家の説を見るのに、ゲーテの第一の言は外口語学習より来る内容上の利益を説いたのであって、其の第二は形式上の利益を説明したためである。而してグアン氏のは専ら内容上の事に係り、イエスペルセン氏は、前段が内容上、後段が形式上となって居る。其他諸氏の説も亦之を両方面の何れかに入るので要するに彼等は之を論ずるの方法に於て、当を得て居るのである。而して吾人も亦今之を形式的方面と内容的方面とから研究して見やうと思ふ。

◎抑も外國語学習から来る形式的利益は、耳、目、口、手等の諸感覚の練習である。蓋し語学は口で語り、耳で聴き、手で書き、眼で視るからである。而して之等諸感覚の練習と共に、注意、観察、比較、概括、分析、記憶、想像、連想、情緒等の上の修練が出来る。勿論之等の利益は敢て外国語学習に限るのでなく、一般国語の学習には伴ふべきものである。けれども外国語の学習に於て得る所の之等の利益は自国語の学習に於て得る其よりも多大である。何となれば、外国語の形式は自国語の形式と異なって居って其学習には自国語の学習には絶えてなかった文字を見ねばならぬ、又絶えて無かった音も聞かねばならぬ、又絶えて無かった手の運かし様 舌の運び様をもせねばならぬからである。且前掲の心的高等作用の練習に於ても自国語では何等の苦もなく出来る所のもの、これでは精密の観察、緊張せる注意を要する。尚又かゝる精神上の諸能力の修練が出来るといふことは、因って以て堅忍、持久、努力、等の諸徳性の涵養といふことに資することゝなる。即ち外国語の形式の充分なる収得に努力することは、一個の訓練作用である。以上は形式的の利益を叙べたのであるが、更に實質的の利益はどうであるか。之は所謂「新世界の發見」であり、「心的鉄道」の敷設であって、我が思想感情を他人に傳へ、他人の其等を我に得ることが出来る。從って交際上、業務上、又知識藝術上に得る所の利益は極めて大なるものがある。即ち外国語の學習は世界の距離を短縮して、甲乙互に手を握らしめるのである。而してかく相互相知るを得るの結果は、所謂四海をして同胞たらしめ、又世界を平和に導くのである。今日業務上ことに商業上 外国語が如何に必要であるかは皆人が経験上よりよく知る所であり、又知識藝術の發展に外國語に通ずることを必要とすることも明々白々殆んど論ずるの愚なるを覚えしめるのである。曾って大隈伯はこういふことをいったと記憶して居る。「若夫日本の学界にして一度欧米の出版物の輸入を禁ぜらる、事あらんにか其困難果して幾何ぞ」と。これは外國語が知識のために如何に重要であるかを知らしめて居る。尚かくして思想上の交通が可能となった暁には、其学習の当人の頭は廣くなって来て、快活なる人物となり、宏量なる人間となり、茲に人格を高めることが出来るのである。即また一の修徳上の利益を得るのである。これ等陳述した所は外国語学習より得る利益である。即近世外国語研究の一般目的である。而しこれ等形式的利益と実質的利益とは両々相俟って得られるのであって、一を棄て、他のみを採ることを許さぬのである。故に吾人は一般目的としては此の二者を併せたるものでなくてはならぬと思ふ。蓋し言語を形式と内容とに別つのは便宜上の處置に過ぎぬのであって、形式を離れて内容なく、内容を離れて形式はない。両者は他の存在を要求して止まぬのである。否むしろ両者は同一物であるのである。

同一物の表裏二面に過ぎないのである。これと思へば吾人が外國語學習の一般目的として形式的方面も内容的方面も併せ目的とせねばならぬといつたのは認められねばならぬ。以上敍する所から吾人は下の表を作ることが出來る。

外國語教授の目的
- 實質的直接的（思想交通の新道を得ること）
  - 他人の思想を攝取する方面
    - 聽取力養成
    - 讀書力養成
  - 自己の思想を發表する方面
    - 談話力養成
    - 作文力養成
- 形式的間接的
  - 諸能力の養成
  - 固陋偏頗の思想の打破
  - 高尚なる思想の感化感得
  - 知識の增進

○之で目的が具体的になつたと思ふ。

○第二節　本邦に於ける近世外國語教授の必要

◎近世外國語研究の齎す利益は以上記する所の如きものであるからして、苟も世界の活舞台に上つて働かうとするの國家、國民に向つて近世外國語の研究が必要不可缺のものたることは火を見るよりも明である。

◎翻て我國について考へて見るのに、我が文明は現に非常の進歩をなし、國家は所謂世界の一等國の位に入るに至り、國運隆々旭日東天に昇るの觀がある。併し顧みて其の茲に至つた原因を研究して見る時は、如何であるか。これ吾人の既に巻頭に於て、洋学の發達として論じたるが如き形式によつて、數十年間欧米の文明を輸入したのに由るのである。実に我國の今日の文明は欧米文明の移植せられたものである。而してこの移植は諸学といはず鍬鋤によつたことは何人も拒むことが出来ぬ。

◎吾人は我文明は現に欧米に比肩して居る。故に將に西洋の文明を凌駕するだらうと称へる。将来或は然までであらう。吾人も亦然らんことを希望する。併し我國現時の文明は然かく欧米の文明に比して立派であるか如何。之大いに疑はれるのである。吾人の見を以てすれば、我国の文明は欧米文明の植民地の観がある。否むしろ保護国の観があるのである。之れは吾人のみならず何人も認める所である。即我国は未た文明の独立を許さぬ。外国文明の輸入を大に必要とするのである。而してこの輸入は一に外国語によるの外がない。之を欧州について考へるに英国の如き旧国でも外国語の研究を止めると国家は衰頽に傾いた。又仏国の如きも今は英、独の語を研究して居る。又英国の語学の態度は昔と異って今日は外国語を経て外国の風土文物に接するの目的で従って文物教授レアリエンを重んじて居る。

◎かくの如く文明の程度我に勝り、文明の基礎の堅固なること我に幾倍する欧米諸国に於てすら、しかく盛況を呈して居る外国語教授は、我に於て更に必要なるは勿論といふべきである。

◎抑も我口は後進の一等口である。我口は先づ疑はれ、中頃驚かれ、今や知られて、恐れられんとして居る口である。我口の将来は到底過去の方針を以ては進み難い。今後の我口は十二分に他を知り、十二分に他に知られることが必要である。

◎口家が鎖口である時は固より別である。口民が孤独の生活をやらうとするのならば論外である。然れども口家が苟も口際をやり、口民が苟も彼我の交際をせうとする以上、茲に交際の方便たる外口語の学習の要あることは明である。口際は当局者と当局者の口際であることがあるけれども、今日の口際は口民と口民との直接接觸によつて行はれることが多い。又其の方が効果の大なるものがあることは少しく識ある者の皆感ずる所である。

◎其他経済上から見ても外口語の学習の一日も忽にすべからざるは明々白々のことである。

×　×

第三節 本邦普通教育と外國語教授

第一 中學校

吾人は既に本邦に於ける外國語学習の必要といふことを、叙述した。然れども我國民にも色々ある。年齢に於て、社会上の地位に於て、職業に於て決して一様でない。從て本邦に於ける外國語学習の必要といふ問題ハ今少しく精密に研究するの要がある。即外國語は社会のあらゆる階級に学習の要があるか否か。あらゆる職業に必要であるか否か、大人も児童も男子も女子も皆必要であるか否か、之を國民知識の理想の上から考へたとすれば、外國語学習は我國の上下、男女、長幼を問はず必要である。けれども、実際生活の上から考へて見るとさうでない様である。其故に吾人は今之を普通教育の上から見て、普通教育として必要であるか否かを解決せうと思ふ。併し普通教育と称すといへども其内容は種々に異なるから茲に普通教育とは我国の小学校、並に中学校の教育といふことに限って論じやうと思ふ。

中学校は高等普通教育を施す所である。而して此の高等普通教育を受けた者は出で、一は其儘実務に当り他は高等教育に進むのである。故に中学校の教育は高等普通教育で止る生徒と、更に高等教育に進む生徒とを包含して居る、此の如くであるから中学校は一面高等普通教育であって、他面は高等教育の予備をなすもの、否少くとも中学生中の一部は高等教育の予備をするのである、此の如き性質から中学校に国語教授の要ありや否やが定まって来る。

中学校は高等教育の予備校であるとは法令はいはない。けれども高等教育を受けるのには中学校の卒業を必要とすることが事実である、何となれば高等学校其他の専門学校の入学には中学校卒業といふことが必要条件としてあるからである。故に中学校は事実上高等教育の豫備校である、従って少くとも高等教育を目的とするもののために外国語を必須せしめるのはこれ中学校の義務である。

其故に論ずべきは高等の学校に入るの目的なく唯普通教育を受けるのを目的とする生徒に外国語の要ありや否やである。之を論ずるには我国の中学校の卒業生が一体社会の如何なる位置を占むべき人間であって、之を外国の社会に比して見れば如何なる位置に相当するかといふことを研究する必要がある。中学校卒業生の社会上の位置の如きは一概に論じ難いけれども、一般に我国の中等社会に坐すべきものといってよからう。之を欧米に比較して見れば矢張彼国の中等学校の卒業者に相当する。

一体国家の健全なる発展は中等社会の健全に俟たねばならぬ。下等社会と貴族より成り立って、中間の中等社会が甚だ振はない様な国家は到底充分に発展せぬものである。これは今日の世界各国の有様を見れば明である。此故に中等社会の成員の健全といふことは極めて重要なることであって中等社会の人間は極めて円満健実の思想徳性を必要とする。之即ち高等普通教育が可成的廣き学問を生徒に課する所以である。且欧米の中等教育に於ても盛に外国語を教授して居るといふことは前述の如くである。其故に世界的の國民としては彼等に劣らざるの修養を必要とする。

又我國の内を見て見るのに、諸種の方面に於て外国語が盛に行はれる。苟も中等社会の人士は何等かの外国語に通ぜざるに於ては、日常生活の上に不便少からぬのである。

右の如き幾多の事実から考へると、中学校では是非に外国語を課せねばならぬ。我國の中学校が外国語科を必須科目として設けて居るのは実に至当の事である。

第二　小學校

◎高等普通教育たる中学校に於て外国語教授の必須不可缺のものたることは何人も之を肯ずる所であつて敢て多く論ずべきものがない、然らば今初等普通教育に於ては如何であるか、

之を論ずるには我国の初等普通教育機関たる尋常小学校の目的即小学校の目的から考へる必要がある。それで尋常小学校は最低度の普通教育を国民に課するのが目的であつて、此の教育を終つたものは読み、書き、算術其他日常不可缺の知識を持つて居つて、国民としての本務を果し得べき人間となるに過ぎぬ、又高等小学校たしても稍尋常小学校より程度を高めた丈であつて最低度の普通教育場たるに過ぎぬ、固より之等の児童の中には進んで大学教育を受ける将来のあるものもあるけれども、小学校の目的としては前述の如く国民として必要なる普通教育を施す迄の事である、固より国家としては国民一般の教育を出来る丈高めたいのは希望する所であるけれども現在に於ては世界何れの国に於ても殆ど相等しき低度の

普通教育を以て満足して居る、否満足せねばならぬ事情の下に在るのである。尋常小学校は勿論高等小学校は其の卒業生に決して大い為すあらんことを望むことは出来ぬのである。故に小学校の教育には決して贅沢を許さぬ。小学校の年限八九年一刻も之を忽にすることは出来ぬ。故に小学校の教科は国民として必須不可欠のものでなければならぬ。今、外国英語について考ふるに土地によつて固より大に必要のものもある、けれども概していへば左程必要でない。故に之が学習を土地の如何人間の如何によらず、少い時間を割いてまで課するの必要はない。其故に之を義務教育たる尋常小学校に課することは到底出来ぬこと、高等科に課するにしても正科とすることは出来ぬ。何となれば正科は土地人間の状況が如何にあらうとも平等一如に課すべき性質のものであるからである。其故に学者によると、外国語は普通学として必要であるけれども、小学校で力を尽すべきは国語でなければならぬ。といつて小学校では全く外国語を教授するの要が無いといふ人もある、又前述の如く政策の小学校について見ても小学校で外国語を教授する所は和蘭、白耳義の如き大國に接して居って日常生活上大に之が知識を必要とするものの外は殆んど無いのである。併し吾人は小学校児童でも我国の神戸横浜東京といふが如き外人の多く存住する所、又外人との應接の盛なる土地に於ては外国語の知識を必要とする、故に之等の土地では之を教授することが入用である、其故に吾人は高等小学校に於て随意科として之を課するといふ現在の制度を謳歌する者である。何となれば随意科は極めて融通の利く制であるからである。

又学者によると小学校の英語科は其成績の甚だよろしくなく、其実用になるといふことも覚束ないし、又不完全なる教育の結果、之が高等の学校に進む者の語学力上に悪影響を与へてから止めたがよいといふ人もある。吾人もこの小学校の英語科の成績についての攻撃には同意見である、併し之を全く止めるといふことには不賛成である、小学校の英語でも其成績は教授にある、教師其人を得たとすれば決して論者の如き不成績のものではない、又高等の学校の語学収得上からの利害からいふ議論は一應尤ものやうであるけれども小学校で英語をやつて居るかために教授上に便利もある、また其論は中等学校本位説であつて小学校を二の豫備校として考へたといふ説である。

第三、近世外國語の選擇。

◎吾人は前に我国の中学校に於ては正科として又小学校に於ては随意科として外国語を課するの必要を説いたが、さて然らば如何なる外国語を課するがよいか、之大いに研究すべき重要問題である。之を法令に見るに中学校では英語又独語とし小学校では英語と限定して居るが、一体之は如何であるか、凡そ物の採否選擇には其の根據とすべきものが必要である、然らば外国語選擇の標準は何であるか、之を外国の例に取るに欧洲各国では左の三点を以て外国語選擇の標準として居る、

○第一　交通が盛であつて、商業上の機關として最も有効なるもの、

○第二　自國語と言語の脈が同一であるか、又は兩國間に共通の歴史のあるものか、又自國の言語文学の上に大いに影響を與へるもの、

○第三、現今欧洲文明の中心をなすものの一であつて、従つて自國語にては得能はざる大切な科学文藝上の知識を含有して居るもの、

之等の三点は欧洲各國に於ては固より当を得て居る所であるが、我國に於ては如何であるか、吾人の考では此三点中の第一、は我國に於ても標準として宜しいと思ふ。併し此の第二の点は欧洲諸國が外國語を擇ぶのと我が擇ぶのとは自ら差がある、彼等の言語は其形式が互に相類して居り又其の國語は相互に諸方面の影響を受けつゝ来つたものである。

併し我國の大和語は其の内容及形式に於て大いに類して居り、又影響を互に及ぼしたといふものは清韓の語が最大なるものであるからである。故に吾人は第二に代ふるに

「過去及将来の我国の文明に影響を与へたるもの又与へるもの」

としたい。而して第三中の「現今欧米文明の中心をなすもの」といふのを改めて

「現今世界文明の中心をなすもの」

としたいと思ふ。何となれば我国は欧洲各国とは異なって欧洲文明の中心といふ事では満足し得ざるものであるからである。

如上の標準に照らして吾人は英、仏、独語其他世界の現在の国語を研究して吾人の選擇すべきものを定めやうと思ふ。

先づ英語から研究せんに、英語の世界に於ける勢力を研究せう。

某学者の研究によると今日英語を話す人は其本国に於て　Kano Keizo Cuero　四千万人　米国に於て九千万人、之にカナダ・オーストラリヤ、南亜佛利加、及其他二三の専ら英語を話す植民地、最後に印度帝国及少くとも或る一部は英語を話す所の爾餘の總ての植民地を加へると今日英語を話す人間の數を一億五千万とするのは、あまり見積方が小さいのである。且英語は今も益々発展しつゝあるので合衆國から着々とメキシコの北部に進み、又西印度諸島では漸次スペイン語を斥けて行く、将来パナマ運河の開けて来た時には、北米及中米の日用語となるであらう。又英語は南アフリカでも発展しつゝある。かくの如き勢である上に諸外國人の英語研究者も亦多いのであつて、之を極めて少数に見積つても二三千万人はある。故に世界に於て英語は一億七八千万人によつて了解せられるのである。

此故に英語は世界語であるとか、又世界語に成るであらう筈といふ人もある。吾人は今英語が世界語であるか、又しか成るか否かを研究せうとはせぬ。

けれどもしかくいはれるのは英語が世界の中で非常に多く用ゐられることと示すものである。

◎嚮に吾人は我文明は欧米の文明を言語によつて輸入することによつてかくなつたのであるといつたが、然かも歴史を研究して見るとこの輸入の手段たる言語は実に英語であつたのである。又現に英語が其の役を務めて居ることは極めて大なるものがある。我國上下に於ける英語の勢力の大なるものあるは今日吾人の目に視る所である。甚だしくいふと英語を知らぬ者は新聞も読めぬ。商店の看板も讀めぬ。演説を聞いてもわからぬといふ有様である。これ等の現象が我国にとつて幸か不幸かは別問題として、兎に角過去及現在に於て我国に於ける英語の勢力は偉大なるものである。

◎さて考へるに世界に於て、又我国に於てとかく勢力の偉大なる英語の本国は英、米二國であることはいはずもがなである。が、今之等兩国と我国との関係を見るのに、英米国とは政治上、経済上密接不可離である。

◎日本邦に在住する英米人の數は、之を他國の人數に比するに非常の差を以て優つてゐる。又反対に我邦人の海外にあるものも、英米二國に居るのが最も多い。殊に英、米二國は地理的関係に於て、甚だしく我と近い。二週日よく米國に至り、一週日よく香港に至ることが出来る。

◎最後に英語は世界の新文明及舊文明を遺憾なき迄に、含有して居る、英語には自國の文明の學ぶべきものあると等しく、又他の文明をも持つて居る。それで吾人は英語に通ずることによつて、独乙の学藝を知り、露日の文明を伺ひ、拉典、希臘の文学をも味ひ得るのである。

独語は低地独語即和蘭語及フレミシ語を合すると約九千万人の用会者を持つて居る、固より西印度(クラマーし)並に舊ブーレンでは英語のために大打撃を蒙つて日々排除されて行く、けれども一方本國殖民地及和蘭殖民地並に南ブラジルの如き方面では漸次発展して行くのである。

且独語は近世語中で、其組織の最も論理的のものである、其文法は極めて論理的に複雑して居る。其故に之は嚴密なる科学上の記述を求めるのに、最恰好のものである。従って現在に於て学問界では中々た其の勢力が大であって、学位学術上の大論文の如きも多くは斯語によって書かれる。実に独では学問の上に於て世界の学界の牛耳を執って居る。かくの如くにして今日の学問研究者は皆独乙語を研究するを要する。為に独逸語は学者間に世界的である。

Jacob Brodsee Anderz 氏は独語の世界的であるの理由として其の商業上に於ける勢力の大なることを叙述して居る、氏曰く独国の工業及海外貿易は一八七一年以来非常の発達をした、為に独語の値も亦大に上った、独国は商業上では英国の次で世界に於ての第二位にある、米国は未だ三位に過ぎぬ、独語で貿易するものは独国の外に墺国、瑞西、北米の一部であり、白耳利、露国、蘭国及スカンヂナビヤの海外貿易に用ゐる、ベルギー、ルーマニヤ、バルカン半島の勢力は盛に向ひつゝある、世界の到る所に居る独国、瑞西国、の商館の人は皆独語を用ゐ、又一九〇五年には商業人たる猶太人が会議をバーセルに開いた時に独語を用ゐたのである。と、又ドレスデンのテオドル、ペーテルマン氏の著「独乙書籍と其顧客」の報告によると、一九〇一年の出版の独書の數は二五三三一であり、仏書は一〇一三三であり、英米合せて一三一八四である、所謂專門の書目について見ても独書が六二四〇、仏書か三〇九二、英書（英米合せて）が一九七九である。

以上の如く独語の世界に於ける勢力は既に大であるけれども未だ英語の勢力には及ばない、又独国と我国との関係及独語と我国との干係も之を英國米國及英語との関係に比すれば観察の度に於て到底之に勝ち得ぬのである。

仏語は今日少くとも五千万の人間が話して居る、固より仏語はハイチ島及仏領西印度植民地及カナダの旧佛領では英語のために勢力を奪はれて居るけれども、北部アフリカ、及後印度では漸次発展しつゝある。

◎且佛語は流麗である。独語がゴツ〱して居るのと同日の論でない。其故に世界の宮廷其他貴族の間の用語となって居る。又爲に交際語として用ゐられ國際上の文書は大抵佛語に因るのである、日露の戦役終結の談判に佛語と(英語)が其の用語とせられ、又其條約文が之によって認められたといふことは一般の人の知って居る所である。かくの如く此点に於て大に世界的であるがために外国人で佛語を話す人は比較的に多く之を約三千五百万人と見積ることが出来る。又仏国の国運も隆々たるものがある。欧洲の中央に位して強国の一として重をなして居る。殊に我国とは政治上又経済上特別なる関係がある。又仏語は文学に於て他にないものを持って居る。大いに之等の点を考へると、仏語は少くとも独語に劣らぬ、否其以上の関係を我国に持って居る、けれども猶英語には一歩を譲らねばならぬ。

尚此外にスペイン語、ポルトガル語、ロシヤ語、イタリー語等があるが、何れの点に於ても上述の三者に譲らねばならぬことは敢て吾人の詳説を須ひない、其故に之までは之を論ずることとどめやうと思ふ。

◎近頃満鮮の関係上から、清語、韓語を学習するがよいといふ人がある。思ふに此の二語は政治上、経済上、地理上、國交上に我と密接の関係がある。けれども、知識輸入といふ一大目的を達するの方便としては殆んど効がない。従つて又英語に代るだけの資格はない。

◎以上記する所によつて世界に於ける口語の主なるものは之を研究して其の勢力の大小を明にしたが、尚茲に其の勢力範囲の大小を表にして示して、相互の比較を一層明瞭ならしめやうと思ふ。尚此表を見る讀者は本國語として話す人間の數と、其國語を話す外国人の數との干係につきて留意せんことを望むのである。

表中
▨黒線ハ其語ヲ口語トシテ話ス人間ト外口語トシテ話ス人間トノ合計數
□線ハ其語ヲ口語トシテ話ス人間ノ數

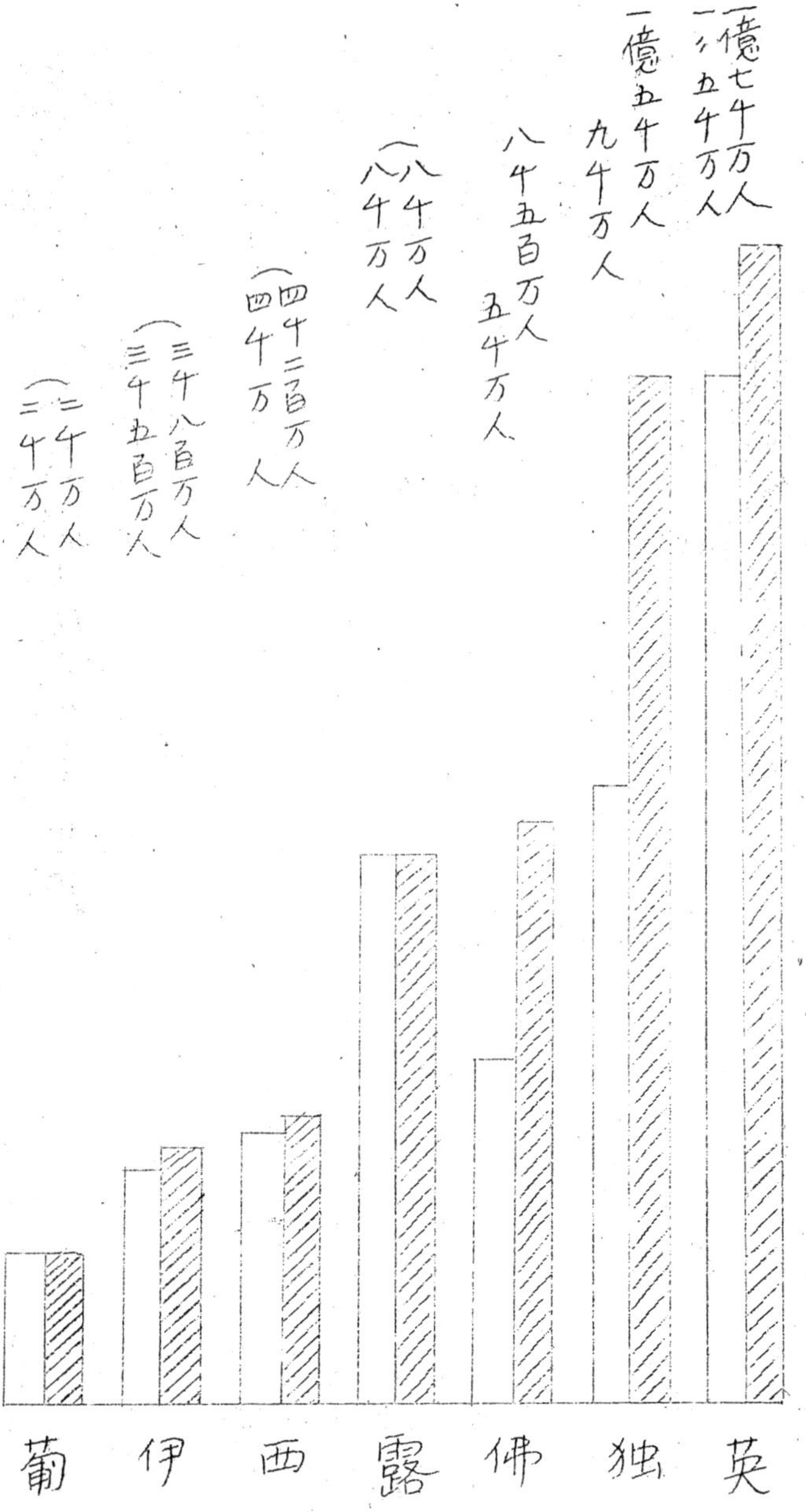
二千万人
二千万人
三千五百万人
三千八百万人
四千万人
四千二百万人
八千万人
八千万人
五千万人
八千五百万人
九千万人
一億五千万人
一〃五千万人
一億七千万人
葡
伊
西
露
佛
独
英

かくの如く研究の結果は我國に於て撰ぶべき外口語は第一英語、第二独語、仏語の順序である。之れ中学校に於て英、独、仏何れかの語といひ、小学校に於て英語の一科と限定した理由である。

第一節スツルム

John Sturm (1507－1589)

欧米に於ける古語近古語の過去及現在を敍述するに當り吾人は筆をスツルムに起さんとする。蓋しスツルムは彼以前の言語教授の傾向を最も明瞭たらしむ可き一の學校系統を吾人に提示するのみならず、言語教授上に著しき影響を與へたる最初のものであるからである。

スツルムは一五〇七年に生れ一五八九年に死んだ。獨乙人トラスブルグの人である。氏は一五三八年から一五八三年に至る間、四十五年間、同市のギムナジユームの校長であつた。氏の教育界に於ける名は當時大いに盛なるものがあり、一五七八年には其學校に数千の學生を持つて居たのである。

氏は六才又は七才で學校に入學して、初等學校教育を九年間受ける様にし、十六才から中等學校に入り、廿一才で教育が全く完了すると云ふ組織を立てた。而して九年間の初等學校生活の中、前の七年間は純粋のイヂオマチック、ラテンの練習に充て後二年間は立派な文体を學習する様にした。かくて後の五年間の中等教育では立派な話手にする考である。故に氏の組織の目的は全く語學にある。而して此組織は純粋の人道主義の具体化したものである。

一体人道主義の教育の理想は語學にあつたからして之を一般の教育上から見れば單に言語を學ばしめて事

物其物の教授をやらながつたこと、並に言語教授も、言語を一の活ける機関として、人生の役に立つ様に適当であり且充分である様に学習せしめたのでなくして単に文法家の頭で排列し又表にした乾燥無味の言語の集合として教へたといふ事は大なる欠点である。併し此派の者が言語教授に甚だしく重きを置き、又其方法の研究に大いに努力する所があつたといふ事は、之を言語教授の歴史の上に決して軽々に見る可からざるものであつて、之等の努力は実に後来の研究の導火源たり出発点となつてゐるのである。

第二節　エラスムス

エラスムスは一四六七年に生れ、一五三六年に死んだ和蘭

Erasmus (一四六七—一五三六)

人である。氏は幾多の書物、翻訳、文典、辞書等を著し、以て其古文學に對する氏の愛好心を明示した。氏は云つた「余にして金銭があらば先づギリシヤ語の書物を買つて、其次に衣服を買はふと思ふ」と。氏は教育の方法に關しては、種々の名言を残したのであるが、氏の教授方法に関する議論は、教授は親切で、興味あり、且生徒に對して、温和にやる可きであるといふのであつた。其故に其の語學上の議論も之から出て居る。一体、氏の意見では児童は七才になれば、一定の教育を施し先づラテン語とギリシヤ語とを教授し、特に文典に重きを置く、併し複雑なる文法上の規則を強いて注入するのは、よくない。之は實例によつてやる可きである。言語に熟達せしめるのには、善良なる書を讀ましめ、或は對話をなさしめ、又作文せしむるがよい。「教師は原文を了解せしめるのに必要なる事のみを説明するがよい。徒に自家の學問を示さんが爲めに、無用の語を弄してはよくない。生徒の注意を原文に向けしめ、よく之を理解せしめねばならぬ。蓋し教ゝ他事に渉れば生徒の注意を散乱せしめて、文章を味はしめることが出来ぬからである」「児童は實用と練習とによつて、何等の倦怠を感ずることなく、自國語を學習する」「讀方及作文に於ける練習は毫も倦怠を生ず可きものではない。教師は生徒の注意を惹く可き方法によつて、生徒を倦怠せしめざる様に出来る筈である。昔の人間は文字の形を美味の食物で作つて、生徒に之を食はしめる様にした。」「文法の規則を教へるには、最初は最も簡單なるものに限る可きである」

第三節　アスカム

Roger Ascham（一五一五―一五六八）

アスカムはヨークシヤの人一五一五年に生れケンブリッヂ大學に學ぶ。氏は古典研究に長じて居つたのであつて、大學に學生たる時、既に多數の少年にギリシヤ語の教授をやつた。又卒業後は同大學のギリシヤ語の講師になつた。種々の仕事をやつたが、一五六八年に死んだ。アスカムは氏の著「學校教師」の第二巻に於いてラテン語學習の捷徑を說いてゐる。先づ第一に、文典に依つて、簡單なる法則を學習する。次にスツルムの工ピッスル、オブシセロを教科書に用ひる。之は或点に於て後に説明するラトケの方法と同様である。教師は各書箇の意味を説明し、之を生徒に英語で示す、其は其の文章を完全に分解せんが為めである。之が出来て、次に生徒は、其文章を充分に知るまで、再び英語で示し、又分解する。次に生徒は筆記帳を出して之に英訳を書く。而して、之を教師が訂正してから、一時間の間を置いて、此の英語をラテン語に反譯する。而して此譯文を教師はシセロの原文と比較する。其教法に於て、教師は生徒を叱つては、よくない。例へば タリーはかういふ語を用ひまい。タリーはこれでなく、こんな 語を、ここに入れるであろう。この格、この数、この級、この性を用ひるであろう。といふ様にやる。教師はこんな風にして、スツルムのエピツスルの牧草をやり、又テレンスの喜劇をもやる。併し教師はラテン語を話すことは、せぬ。進出に従って、生徒は一層長い練習をやり、文章の要素比喩等について學習する。文語詞を秩序的に第三の手帳に記入する。かくの如くにして、生徒はタリー、テレンス、シイザー、リビー等の作を學習する。而して、教師の与へる英語の小文をラテンに譯するのである。思ふに、氏の方法はスツルムの意見以外に大いに出て居る所はない。併しこの復文法は大いに注意す可きものであって、サムエル ジョンソン(Samuel Johnson)博士は氏の書物について、いった。「此書は恐らく言語研究に向っての最善の忠言を含んで居るであろう」と。蓋し復文法は氏によって創められたるものである。

第四節　ルーテル

Martin Luther (1483－1546)

宗教改革家たるルーテルは教育家としても重要なる一人である。而して教育家としての氏の功績の少からざるもの、内、吾人は茲に言語教授上に於ける其を見んとするものである。而してこの功績は即ち聖書の独譯之である。固より聖書の独訳は是迄にもあつた。けれども其の文字は困難のものが多く為めに普通一般の者には殆んど解し得なかつたのである。其故に氏は大努力を以て此の飜訳に従事し、何人にも解し得可き純粋の語と容易の文とを以て完成したのである。一体ルーテルは自国語に重きを置いたので之を公の祈祷に用ひ又自国語を用ひる學校を奨励した。氏は説教、書籍、讃美歌、聖書等の飜訳に於て独乙語を文學的の形としたので独語の發展の上に於ける功は実に偉大といはねばならぬ。氏は又宗教其他の必要上からラテン語ギリシヤ語ヘブリュー語の學習を重んじた。

かくの如く言語教授を重んじたが其教法の上に於ても、氏は大に價値ある忠言を残して居る。曰く抽象的の規則によつて、語学を教授するよりも、具体的実体によつてやつた方が効が多いと。

第五節　メランヒトン

Philip Melanchthon (1497—1560)

メランヒトンは一四九七年に生れ一五六〇年に死んだ、本名はシュワルツエンド（独語にて黒土といふ意味なり）といつたが、メランヒトンといふのは、これをギリシヤ語にしたのである。氏は宗教改革に於てはルーテルの協力者である。其性情ルーテルと趣を異にしてゐたのであるが、其の相反の性情が却つて両者を助けて大いに事をなさしむるに至つたのである。ルーテルが宗教改革者たると同時に教育界に貢献する所淺からざりしと等しく氏も亦教育界の功労者である。而して其功労は教科書の編述にある。氏は温厚篤實の人平和を愛する冷静の人であつた。而して其の語学に於ける天才はエラスムスをして下の如く驚嘆せしめたのである「メランヒトンの將來は到底想像が出來ぬ。一少年に過ぎぬけれども、ギリシヤ語、ラテン語に熟達し、其の理解の速なる、其言の純なる、其記臆力の強き、皆吾人を感せしめざるはない。」と。

宜なり、年十六でギリシヤ語の文典を著し、文典を「精密に話し且書くことを得しむる學問」であると定義した。かくて十年後はラテン語の文典をも著述したが、此書は出版せられてから百年余も唯一の教科書として用ひられ、四十一版を重ぬるに至つた。

其語学上に對する功績は極めて大なるものといはねばならぬ。

第六節　モンテーニュ

Michel de Montaigne (1533—1592)

モンテーニュは一五三三年に生れ、一五九二年に歿す、佛人である。氏の家は貴族であり、父なる人は教育上、眼ある人であつた爲めに、氏の教育は充分の注意と一定の見識の下に施されたのであるこの教育中、氏が言語教授に於て得た経験は後日、氏の言語教授法の基礎となつたのである。氏はラテン語の教育を受けるに當つて、自國語を学習するのと、同一の方法で教育せられた。氏の父は、氏の周囲に、氏とラテン語のみで會話する教師、家庭の人物をのみ置いた。かくて氏は六才の時に既にシセロの言語を大いに學得したために當時の最も偉なるラテン語学者すらも彼に言をかけるのを恐れた位である。併し之に反して、氏は仏語に至っては、一向に之を學習しなかつた。氏の父のやり方は誤つたかも知れぬ、併し氏は之がために(一)死語の研究に於て普通に行はれる方法はあまりに遲々としあまりに機械的であること、(二)規則の乱用が行はれ、(三)且實用について充分の注意を拂つてないこと、等を知つた。

氏曰く「吾人は先づ自國語並に吾人が最も多く交通する隣國の國語を学習せんことを欲する、ラテン語ギリシャ語には偉大なる文華麗なる或物がある、併し之を人が買ふのは高價過ぎるのである、吾人はラテン語の研究をするのには、文典又は規則、又は笞や涕なしに、周囲に依つて学習せねばならぬ、この周囲ではラテン語以外の言語は一言も話さない様にするのである」と氏は仏國に於て近世外國語を主張した最初の一人である。

而して氏が教授の方法として主張した所の生徒を外國に住ましめ又外國語の周囲の内に生徒を教育せんとすることは、言語學習上に於ける一大卓見で之は最近大に称へられる自然法の曙光である。

第七節　ミルトン　John Milton (1608—1678)

ミルトンは失樂園の著者である。一六〇八年に生れ、一六七八年に死んだ。幼時から諸國語を學習し、ケンブリッヂ大學の出身である。氏は教育者として、あまり大したものではないけれども、當時一般の人の考へよりは、一層大なる意見を言語研究について持つて居つた。氏の意見によると、種々の國語を學習せしめるので、然かも、其目的は心的能力の陶冶、又はシセロの如き高雅な文体を得るといふのでなくして、實用的知識を收得せんがためにある。即ち氏は當時の教育が一般に空理に走り、ラテン、ギリシャの古語を過重して居ることを批難し、必要なる知識收得のために、近世語を教授することを主張した。

第八節　ラトケ Wolfgang Ratke（一五七一―一六三五）

コメニウスは近世教育の祖である、併しこの偉大の人物の先驅者たるラトケの功績は中々顯著なるものがある。就中、最も顯著なるものは、讀書教授の上にある。氏はモンテーニュと同じく生徒の先づ學習す可きは、自國語たらざる可からざることを主張する。

氏の組織による学校の最初の三級は独乙語が之を占領し第四級に於て、ラテン語を教へる。而してこのために、ラレンスが教科書として用ひられた事は、後にジヤコトがテレマクを用ひた如くである。氏の教授の方法は下の如くである。教師はテレマクを独乙語で訳することを捨て、、先づ独乙語で全戯曲の要領を説明する。次に一語一語に其書物を逐字翻訳する、この時に、生徒は静かに傾聴するのみである。これが二三週間続く。次に生徒は教師に助けられ乍の翻訳を始める。かくて生徒が其本を三度やり通した時には生徒に文法を持たせる。ラレンスを第四回目に反覆する時には生徒は文法書を前に、置いて、書中に出て来る一々の例を規則と比較して見る、かくて次回からの反覆には、其本を分解することと一層精密であり、且其本が充分に学習せられるまでやるのである、 テレンスの文体が充分に生徒に親熟するまでは作文はやらぬ。かくて作文する様になれば先づ教師が作つて見せて、次に生徒に作らすのである。

この方法はスツルムの方法の反對である。スツルムの方では、各年級に排當した文法上の形式的の部分が主要点であつて、讀方は副次的に考へられてあつた。所がラトケに於ては、書物の内容を先づ取ることにして、文法は各生徒の努力によつて、抽象することにした、この具体的のものから、抽象的のものに進むといふの形式はラトケの時から学校の賛成者を得て來たのであつて、就中ジヤコトー並にハミルトンは其主なるものである。ブラウニング氏はこの方法は語学の方法として最善且迅速のものである。併しこれには、教師の能力と生徒の努力とが大切の要件であると批評して居る。氏は一五一七年に生れ一六三五年に歿した、独てホルスタインの人である。

第九節 コメニウス

Johann Amos Comenius (1592—1670)

コメニウスは近世教育の祖として教育上、重要なる位置にあることはいはずもがな、更に又言語教授上に於ける氏の位置は一般教育上の位置と等しく重要なるものである。氏の著「ヤニユ、ア、リングアラム、レザータ」(語學入門)及「語學新教授法」は大に價値あるものである

氏は曰つた「言語は之を學者の修養、又は學問の一部として教授すべきでなくて、教化の收得の方便として教授すべきである。其故に不必要なるものに多大の時間を用ゐることはよくない。すべて實用といふことから見

704

ねばならぬ、かくて内地生活の方面から自國語、隣口との関係から隣口語古代生活の方面からギリシヤ語、アラビヤ語、ラテン語、ヘブライ語の必要である。ラテン語はすべての學者に必要である。ギリシヤ語、アラビア語は哲学者、歴史家に必要であり、ギリシヤ語、ヘブライ語、アラビヤ語は神学者に必要である。一体、言語は事実と並行して、吾人の知識を発表し得る様にならねばならぬ。これは殊に少年者に於て然りである。

故に下のことが立論されて来る。

(一)言語は言語が表示する事実なくして教授してはよくない。

(二)言語の充分の廣汎に於ける知識は何人にも必要なりといふことは出来ぬ

(三)児童に於ては、言語及知識は主として児童の世界に向つて建てらる可きである。成人に於ては成人の知らねばならぬもの、又表出せねばならぬものを教へねばならぬ。

数多の言語の智識は下の如き方法に於て学習せらる可きものである。

(a) 各語は之を別々に教授せねばならぬ。第一に、自國語、次にラテン語次にギリシヤ語等であつて、最後に言語の比較を教へる。

(b) 各言語は夫々一定の時期を要求する。自國語は事実の智識と同時に拡張せられるから十年位、ラテン語が先づ二年、ギリシヤ語が約一年位とする。

(c) 各言語は規則によるよりも、練習によつて学習す可きである。即、聴方、讀方、讀方反覆、模倣及文法の練習等によつて学習するがよい。

(d) 法則は練習を助け又之を確にする。

(e) 言語の法則は文典的であつて、哲学的である可きでない。法則は之を説明するに、何であるか、又如何に其の事が起るかといふ説明に止め、何故に其事が起るかといふ事はやる必要がない。

(f) 新言語の今与へつゝある型が以前の学習した言語である時には

此を彼と比較して異同を明らかにす可きである。

(ヌ) 一の新言語の最初の練習は之を既習の材料に引き付くるがよい。

(ル) すべての言語は一個の方法によつて教授し、又學習せらる可きである。

(ヲ) すべての言語が同一程度に完全に学習されることは出来ぬ。自國語とラテン語には最大の注意を向け、而して是等の學習は学年によつて、其の程度課目を異にす可きである。

(ワ) 讀本は学年に相當せねばならぬ。

以上は言語教授に對する氏の主張であるが、吾人は更に氏の言を引用して其主張を詳にせうと思ふ。

氏曰く「吾人の根本原理は下の如くである即悟性と言語(アンダースタンディング及ワード)とは並行して進まねばならぬ。人間は自分の了解することは舌で発表せんとする傾向を有つてゐる。若し人にして自己の語る語詞を了解せずとせば、彼は鸚鵡である。

又若し人にして言語なくして唯了解するのみとすれば唖である。故に吾人は一百の題目の下に生徒の能力に適する様なる方法で宇宙間の事物を分類して、之に言語を排當した。吾人は辞書の内から用ゐるべき語を摘出し、一千の文章を作つて此内に八千の語を挿入した。而して此の文章を最初は簡單であつて漸次複雜なる様に配列した。吾人は生徒の理解力に從つて出來る限り本來の意味で語を用ひた。併し純粹のラテン語が見出されぬ時には近世のラテン語を用ひた。一つの語は唯一回限り之を用ひて二つの意味のあるものに限り二回用ひた。同意語と反對の意味の語とは、互に他を喚起せんために、同所に置いた。吾人は語を排列するに文法上のコンコード、ガバーンメント、デクレンションの分かる様にした」と。かくて氏は各語は或る事物を示し、ラテン語、佛國語、獨乙語の三國語を用ひ、生徒は之によつて同時に三國

語を学習する様にと考へたのである。氏は又「語学新教授法」に於て、当時のラテン語教授の欠点をあげて、
(一)意味を了解せずして読誦を教へてゐる。
(二)児童に文法上の複雑なことを教へんとしてゐる。
(三)児童は知能以上の作物を読まされて、実施の進み方を強いられてゐる。
といつて居る。
④前述する所で明である如く氏は自国語に重きを置いてラテン語を第二に置いたのであつて、子供に之等の古典を学習せしめるのは困難であるし、是等を学習せしめることは、恰も小舟を大海に浮べて、波の動揺に任ずのと同一である」といつた。一体、氏は実際生活に必要ある教育を施さんとする主義である。故に前記の言語教授の書物に於て、佛語、独て語、を書き入れたのである。

◎当時は既に独国のギムナジウムには、近世外国語が教科として、入ってあったのであって、氏の「語学入門（Janua Linguarum reserata）は是等学校の教科書のために書いたのである。

第十節　ロック

John Locke

（1632－1704）

ロックは英国最大教育家中の一人である。氏は一六三二年に生れ一七〇四年に没した。其の教育説は所謂功利主義である。前述のミルトンも功利主義であるが、ロックに至っては、ベイコン以来の功利主義を一層切実になしたのである。氏はこの主義からして、学科の如き、読方、書方、図画、地理、歴史、数学、自然哲学等を重んじ、言語は本国語に最も重きを置いた。併し近世外国語の研究には重きを置き、自国語の学習成るに及べば仏読を学習す可しといつて居る。今吾人は氏の言語教授の方法を研究せうと思ふ。
◎彼の述べんとする所であるがバセドウがパンを作つた如く、ロックは廿四面又は廿五面体を作つて、其各面に種々の文字を書いた。而して此立体を弄びながら文字を学習せしめる様にし、文字を学べば次に其等の文字を綴字に代へ、生徒をして何等の困難もなしに、読み方を学習する様にした。かくて、読むことを学べば、次に絵入のイソップ物語、の如き、平易にして、面白い書物を与へる。生徒が綴ることが出来る様になれば、動物の名に其名を書いたものを、与へる。而して、之を以て生徒を読方に誘ひ、又求知心からの学問心を起さしめる様にする。生徒の自国語の後に学習す可き国語は、仏語であつて、仏語が充分に読み、話り出来る様になるまではラテン語を始めない。ロックはモンテーニュと同様にラテン語は紳士に必要であるけれども、後来必要のない供に教へるのは愚であるとした。其方法は氏によると二、文典より初めてはよくない。若し出来得べくんば、充分よきラテン語を話す教師を得、其人の生徒にはラテン語以外のものは読みも話りもせない様にする。これが真実、純粋の方法である。之によって生徒は他の人が六、七年つゞける辛苦して学校で学習する言語を私共の普通に学習することが出来る。のみならず之と同時に幾多の知識を習得し得る。然しもしラテン語を話す人が得られぬ時には一語一語、一行一行に原文と翻訳文と印刷してある所の逐字訳を用ゐることにする。此の方法はロックの時代から非常に多数の賛成者を得てハミルトン式といふ名を揚て居る。仏語の研究について同じく人々は言語を不断に会話に用ゐることによって其国語を子供に教へて行けるのであって決して文法の法則によって教へ得るのでない。

◎文典は年長者のやることであって、少年者のやる可きものでない」と。

◎かくの如く氏の方法はモンテーニュの主張とよく似て居る。又氏は直在外国語の必要を認めて居ることは、既に之が教法について意見の発表あるにても明かである。

第十一節　ポートロヤリスト

Port-Royalists

ポートロヤリストはジエスイット派に反対して立つた蘭人ジヤンセン（一五八五―一六三八）の徒である、此派は教授の方法に於て務めて煩瑣なものを除き、簡単にして、面白い方法で教授する様に工夫をこらし、かくてラテン語の教授に於て一新方法を発見した。

彼等は内容に重きをおいて、形式に重きを置かず、先づ生徒にラテン語からの訳文を与へて読ましめた。かくて生徒が之を覚え了つて後に其書物の思想解釈と、読解了して来て後に原書を与へた。

◎彼等は自国語に重きをおいたので仏人ローラン（Lancelot 1601―1695）のぬきは仏語の研究について大いに気を吐いてゐる。

氏は古人のラテン語、ギリシヤ語のために費しただけの時間を仏語の研究を貴やさしめやうとした。又文典の根本法則は同一であるから、仏語の知識はラテン語、ギリシヤ語の学習に役立つ、又言語の文法は、すべての国語に於て同一であるから、仏文典の学習から先づ、やるがよい。のみならず仏文典は、ラテン語、ギリシヤ語の文典の学習に役立つのであると。

◎ポートロヤリストはかくてラテン語の作文の前に自国語の作文を先づ練習す可く、而して作文には短かい話、手紙、又は読んだ書物について記臆せる所を書く様なこと等をやらしたのである。

◎ポートロヤリスト中、読方教授法の上に殊に記す可きものはランセロウト（ラテン、ギリシヤ、伊太利、スペイン語の研究法を著した人）アーノルド（ジエネラル グラマーの著者）等である。彼等は皆、読方教授の方法を容易にせんことを苦心したのであつて、ラテンロウトの如きは読詞記憶の方法として、後に読詞の教授法迄で記述する如きものを発明した。

◎又綴方は読方の方法を改良した。アーノルド曰くて読方を困難ならしめるものは、各文字では固有のネームサウンドがあるのに、之が一読とあつて他の文字と結合すると異つた発音となることである。例へば cat のある綴字を読むのには シー、エー、ティー であるのに、其読の発音にはキヤツトとなるが如くである。甚難い生徒に学ばしめるのには其の発音のみで文字を知る様に教へ、又自然の音で文字を称呼する様にするがよいと。之は卒見てである。綴方は又母音と、ディフソングのみを発音する様にせしめて、読詞無限綴字に於て特別の場合でなくては発音することをあらぬ、子音の発音はやらさなくてもよいといつた。但之は綴方が仏読についていつたのである。

第十二節　バセドウ

Johann Basedow (1723-1790)

バセドウは一七二三年に生まれ、一七九〇年に没した。独乙ハムブルグの人である。氏は所謂汎愛派の祖であつて、其教育主義は、自然に順應し、兒童を全く放任もせぬが、又拘束することもやらぬ。兒童の感覺の鋭敏といふ事を利用して教育はやらねばならぬといふのである。此主義及其の言語教授の良い經驗から氏は言語の学習は生徒の自分の事物を摑へて之が名稱を与へる様にすれば容易に出来るものであるといふことを発見し、ビスケツトを文字の形に作つて、生徒は其文字の名でいへるのを、どれでも食つてよいといふ事にして、言詞を学習せしめる方法を考へた。

又氏は曰く「語学は文法をやらずに全く練習のみでやる方が練習多くして、文法でやる方よりも非常に容易である」と。これはロックと同意見である。氏が実物に依って言語を教授することに最も功したのは、ラテン語の下の語よく之を証明してゐる。バセドウは自己工夫の教授法よって非常の好結果を得た。例へば彼がラテン語を教ふるには、先づ物体を示し、之をラテン語の名でよんだ。かくて、極めて巧妙に、教授したから児童は間もなくラテン語を自国語と同様に話すを得るに至ったのであると。

第十五節 ペスタロッチ Johann Heinrich Pestalozzi (1746-1827)

ペスタロッチの教育上の功績は茲に之を書くの要なきを知る、併し言語教授の上に於て、この偉人は如何なる意見を有し又如何なる方法を用ひたかといふ事は之を茲に研究する要がある。而して之に就ては氏の弟子の一人の記があるから之を引用せうと思ふ。

◎ペ氏の言語の練習法は吾人の受け得る範囲のもの、ことに教室の羽目板に対してのものである。氏は其羽目板の前で孔、孔の周囲、等の数、形状、位置、色等を研究することを並に吾人の観察を多少、進歩したる文章を作ることに努めしめた。かくて彼は吾人に向て「何を汝等は見るか」と問ふて次の如き式に練習せしめた。

Pupil: I see a hole in the wainscotting

Pestalozzi. Very well; repeat after me:—

I see a hole in the wainscotting

I see a hole in the wainscotting

Through the hole I see the wall, etc, etc, に

抑もペスタロッチは主観教授の主張者であつた。故に氏の言語教授も亦此主張に據る所が多いこと、前述の如くである。

第十四節　ハミルトン式

Hamilton System (1775—1831)

ハミルトンは一七七三年に生れ、一八三一年に死んだ。彼は前半生に於て、商業に從事したが、一七九八年に、彼がハンブルグに住む様になつ
115 てから、獨乙語を研究せんと欲して、仏国亡命者について、教授を受けた。其人はアンゼリーといふ軍人である。彼は僅々十二課で平易なる獨乙書を讀むことが出来る様になつた。而して其教師の教

法は八ミルトンによる法の用法を排斥して、短い物語を一読一読宛、仏語に翻訳したのである。ハミルトンは一身上の都合から一八一四年に米国に渡って、大に仕事を計画したけれども之を中止して、ニューヨークで教師をすることとなった。而してニューヨーク、バルチモーア、ワシントン、ボストン、モントリール、ケベック等にて氏の前師の方法を応用して大いに成功し、かくて一八二三年には英国に帰って同様の成功をマンチェスター其他で博した。併しその方法は大いに攻撃せられ、又模倣本も出られた。一八二六年にはエドンバラ・スコッツマンがレヴィユーで此の方法についての弁明書を発表していった。

「この方法は普通の方法よりも同一の時間に於ては一層よい生徒を作るし、又同一の生徒に於ては、一層少い時間で学習が出来るといはざるをえぬ」と。彼の生徒のための教科書として、氏は St. John's Gospel、Epictetus、Historiae Sacrae、Aesop's Fables、

Eutropius、Aurelius Victor、Phaedrus 等の一行一行が、部分をいれた書物を書かした。ハミルトン氏の主張中今日まで伝はつて居るもので主なるものは、(一)言語は生徒の眼前に於て、目として、提供せられねばならぬ。(二)言語の法則は之を観察によつて学ぶ可きであつて、規則によつて学ぶ可きではない、といふ事である。此の主張が、ロツク、バセドウ、コメニウス等の主張を採用して居ることは、いはずも哉である。

第十五節 ジャコトー Jacotot (1770—1840)

ジャコトーは仏人である。一七七〇年に生れ一八四〇年に死んだ。氏は本国に於ては大いに名を知られなかつた人であるけれども、外国、ことに独乙では大いに注意せられた人である。ギツテス氏 [illegible] の言に曰くジャコトーは彼この分の教授上に於ける進歩を促がした。殊に其の読方教授に於ける氏の新法は重要なるものである」と。固よりジャコトーは教育者として大いに名ある人ではない。併し其読本教授上に於ける功績は大なるものがある。之はギツテスの言ふ通りである。扨て彼は一八一八年ベルギユームのLouvain大学に於ける仏文学の講座を受持つた。之が為め氏をして一般教授法を発見せしめた機会であつた。同大学に於て四分の三の生徒は仏語を解せず而して氏自身は蘭語で解する事が出来なかつたや、所が或時に氏はフエネロンのテレマク Aventures Télémaque を見出した。其書物には一方の頁に仏語があり、他の頁には蘭訳が書いてあつた。氏は生徒に此書物を持たしめ、生徒をして仏文を暗記せしめ又蘭語によつて其意味を推らしめた。氏は生徒をして既習の所を不断に反覆せしめ、又新しい所を学ばしめた。かくて暗記から叙述会話、書方等読んだ答と比較に依って生徒を、自分の誤を見出し之を訂正する様に導いた。此方法によって此は生徒が比較的短時日に正しく仏語を話し且綴るにいたることを発見した。

◎この用いた書物はフネロンのテレマクである。此は文字や綴字から始めずに語(ワーズ)から始めた。生徒は教師に従って反覆した。

Calypso
Calypso could
Calypso could not
Calypso could not console
Calypso could not console herself.
Calypso could not console herself for
Calypso could not console herself for the
departure.

Ulysses could not convince himself for the departure of Ulysses.

◎此文章は決して教師の手本にあらずして、生徒にかゝれ、而して教師は問答によりて生徒の読詞、綴字及文字の知識を検査する。ぢやつトトド曰くて初歩の時は余り速かに進んではよくない。第一章を生徒が全く学習するまでは進んではいかぬ。一文章にでも、生徒の修得す可き、新しき、材料は僅少である。混雑を避けるために大いに注意し、何物でも、之を忘れぬ様に反覆せしめる事が大切である。かくて生徒が一冊の書物を記憶するまでやつた。作文、綴字、会話、記憶からの反覆は不断の練習であつた。此は生徒の全く学ぶしたものから、文典、修辞学、批評、論議の原理を分析した。

◎氏は生徒に授く可きは、文法の知識でなくして、言語の知識であると云ひ、言語の知識は文法の研究によつて正確且深遠になる。併し言語をはなすことは、文法では不可能である」といつた。ハミルトンロック、バセドウ、コメニウス、氏等と同意見である。

◎以上叙述する所は依而十六世紀より十九世紀前半に至る欧州に於けるギリシヤ、ラテンの古語の研究の消長と共に近世語の研究の有様が聊か断片的に述べられて来てゐる。併し今後に改めて、此期間に於ける、英、仏、独、三国に於ける近世語研究の歴史を略述せうと思ふ。

第十六節　第十六、七、八世紀に於ける仏国の近世外国語

◎既に十六世紀に於て近世外国語の教授は或る改革者によつて、唱道せられた。モンテイニユ　が　余は先づ自国語を　よく

りたいが、更に又自分の最も頻繁に交渉ある隣国人の言語をも知りたいものである」といつたことは前にのべた。併し近世語といふものがカレッヂの課程中に入つたのは極めて徐々たるものであつた。一六四〇年にRichelieuが自己の市のカレッヂのために立てた研究の案にはギリシャ語、ラテン語、仏語、イタリー語、及スペイン語の比較といふことが入つてあつた。第十六世紀に於けるイタリーは、スペインと仏国との極めて頻繁なる関係によつて、イタリー語とスペイン語とは仏國に於て広く使用されてゐた。而して此両國語のためにランセロツトが書物を作つたことも前に述べた。所がルイ十四世の時の戦争は独逸語及英語の方を選ぶ様にせしめた。けれども或教育者は近世語の研究には、反感を持つてゐた。例へばフエネロンの如きは、女児はイタリー語、及スペイン語よりもラテン語を研究す可しといふ意見であつた。

㊀十八世紀に於て仏国の軍隊の学校が近世語の研究に重きを置くに至った。École militaire の École の校長は「教育といふものは時代の精神と調和す可きものであり、又時代が要求する所のすべてのものを把束す可きである」といふ意見の下に語学の研究といふことに向った。

第十七節　第十六、七八世紀に於ける独乙の近世外国語

㊁独乙では一五五四年フランクフルト、アムマイエルに於て仏語の教師があった。之と殆ど同時に Collège の教師たる Ste ムムでも、我が仏語の文典を同市で発行して居る。十六世紀の終頃には、近世語が多数の独乙ギムナジウムの内に入った。かのコメニウス氏が「語学入門」を書いたのは是等の学校のためにであることは前述の通りである。仏国のカレヂで近世語の

研究が強制的になつたのは、一八七〇年の大戦役以来である。併し諸西国及其の属国の国では一層早く此研究が義務的のものとせられてあつたのである。

第十八節　第十六、七、八世紀に於ける英国の近世外国語

◎英国に於ては近世語の研究は常に忽にせられてある。今日に於ても尚ほ英国に價値のある教師、即ち英語の充分の知識に加ふるに生徒に流暢なる会話を仕込むことの出来る教師を欠いて居る。イングランド、スコツトランドの学校で仏語並に独語の教授をするのに、一人でやる教師を要求するといふ冒険との大議論が時々起るのである。

◎併し英国に於ては、ロツク、ハミルトンこれよつて近世語が盛に研究せられたといふことを記述しておくである。

第十九節　古諺の研究と近世諺研究

◎以上叙述する所によつて古諺の研究は外に近世諺の研究も比較的早くから存在して居つたことは、明かであるが、一体古諺研究の目的、其主張者たる人々主義者のいふ所は、如何であるか、吾人は今之をカール、シユミツト氏の書について見やうと思ふ。

◎一、古諺はすべての教育の根底である、古諺の知識が学者を作るのである、故に古諺はすべての教授の根抵たる可く、又殊に高等教育に於て然りである。古諺はそれのみに就て考へても心力の修養であり、従つて心力陶冶の価がある。のみならず古諺は学問のすべての部分に対して関係を有つてゐる、ギリシヤ語並にラテン語の書物はすべての学問の源泉である、何人であつても、学問の水際に来つたものは文学の諺に接しないものはない。

◎二、文學の研究は哲學、歴史、言語學の研究に先立つ。文學は言語の完全なる知識の上に必要である。近き語の研究法は古語の研究法には不向である。或語をよく話すといふことは極めて少数のものゝよくし得る所であって、之は多数の語学者には不可能のことである

◎三、自然科学を全く別く教授することは語学の研究によくない。何となれば語学のために与へらるる時間が少数となり且附属的とならざるを得ぬからである、語学は初等教育に属し科学は大学に属すべきものである。

◎四、古語の研究が実用的知識に害があるといふのは誤である。か該博なる学者は古学に対し最も大なる尊敬を払ってゐる。古代ギリシヤ語、ラテン語に習熟せる学者があろうか。

◎以上は人道主義の主張であるが、経済界の勢力は中々に優勢であった。之に対する反動が起り理科の教科目に改正が加へられる様になつ

のはモンテーニュ等以来の事である、即ち彼等によつて人道主義の主張が、目的とせられ科学的に又実際的に試験せらるゝに至つたのである。而して其の結果は夫等の、主義の多くは、誤つて居る部分があるとせられた。吾人は古きを知り新しきはギリシヤ、ラテンの両語に依存してゐない。却て其の新しきは歴史上の研究の結果を著したる国語並びに外国語の書籍によらねばならぬのである。古代の文学上の作物は学者の講義によつて之を味ふことが出来る。而してかくて得たる新しきは大学の学生が語学と文典で首引してゐる、あやしげな知しきよりも一層之ふである。さて昔と近きとの文体に於て比較的の優れた問題があるかも知れぬ、併し此等の知識の拡大は二百五十年前の文学を古のよりか一層価値あるものとした。一体思想の流れは深まるに従つて一層深くなり、一層広くなつた。古語は独語及英語の又はあら来して見てあるといふの見解からラテン語、ギリシヤ語は解文法といふ機構が無くなつた。以上言語の構成法に携はる学理は近世言語から学術が出来るといふ様な考へられる様になつた。近世言語は継承、話方、聴方に於て、生活の心力を統合するから古語の陶冶的価値に劣らない。

◎十九世紀に於ける文明の進歩に伴ふ古典語の教養進歩は幼稚者をして、甚だ昔の事を、十九世紀に於ける隆盛ある生活に熱すべく降伏させて、ギリシヤ語ラテン語等を研究するのに元でしめるのは、賢からざることといふことを多数の人が考へて来た。実にラテン語、ギリシヤ語の研究は必要と実際との間に大なる距離を隔するのである。故にラテン語、ギリシヤ語は漸次、其の位置を自国語並に自然科学及近世語に譲る様になつて来た。

◎右の如き傾向ある近世語の研究は十九世紀に至つて著しき現象となり、之が研究の方法に就ても、尚大いに考究せられたるものがあり、語学の教授の方法が発見せられん。故に吾人は之より最近に於ける近世語の教授の諸型式を順次に叙述せうと思ふ。

第二十四節　オワーレ・オルレンドルフ（文法式）

茲に述べんとするは、オワーし氏やオルレンドルフ氏等によつて整理せられた方法であつて、其やり方は文法を基礎として語学を教授せうといふのである。今、オワーし氏の「独乙語学習書」について見るのに其書の第一章には定冠詞、第二章には不定冠詞、第三章から第七章迄が名詞の変化、第八章が名詞の複数、第九章が形容詞と名詞との関係、第十章が名詞の性とあつて居て、かくて第廿五章が助動詞、第廿六章が接続詞、第廿七章が形容詞とあつて居る。而して之だけを第一部とし第二部はこれらのものを論じて居る。かくの如く文法上の事項を易から難へ排列して一部の書物を読めば一通りの文法を修了し得る様にしてある。

其所で其の各章は、どんな風にしてあるかといふと、例へば形容詞であるとすれば先づ其の定義を掲げて、其れは、プレヂカチブの用法とアトリビユチブの用法のあることを説いて、而して其の形容詞が附く所の名詞に冠詞があるとないとによつて変化することを、及冠詞も定冠詞であるか不定冠詞であるかに依つて、形容詞の変化することを実例によつて説明しかくて其の説明の終つた後に其章の新語を三十位抽出して之に譯を付してある。其次は読方資料として和文を二三十並べて其文中には其の章の文法を含ませてある。而して次に練習題として英文和訳が又二三十題掲げてある。かくて最後に会話二三十出してある。これは、一例であるが各章皆此の順序で編述してある。即定義、文法、其実例による説明、新出単語提示、和文英訳題英文和訳題及会話といふ順序である。さて書物の定め、読は前要なき二課であるが、実に巻首たはアルファベットの讀方を示し次に一々の発音を説明し、綴合した音から、讀の発音及び、文章の綴字の題も注してある。而して巻尾には附錄として種々の詩を雑篇併へてある。勿論第二課の末尾には多少、六ケ敷い散文が入れてある。彼の我國の南部氏のレツスンといふのは大体この方法に依られたものであるから、大体あの様な体裁と考へたら大差ないのである。

尚ホツトレー氏は其著の勝之會話文法書の序言にいつて居る。

131

◎ここの文典は新習會話式に依って居る。而して此法は若者が「佛蘭会話文法書」に於て試みたものであるけれども、本書に於ては一層進歩せることを信ずる。且実驗は本書の方法が読者の困難を排除するに、如何も容易にして、如何の迅速なる、又仮も一定せぬものなることを記したのである。

◎本書は独語の文法的及論理的の排列をなすのみならず書方及読方の論形式並に論法則の不断の応用とを力めた。

◎本書は之を章に別ち、毎章、文法、読方課題、独訳課題、会話課題を挙げた。

◎一体独語を話す力を獲得し、又之を発展せしめる実際的方法は既に独訳に於て生徒の熟練しつゝある題目につけて独語で質問することにある。かゝる間に、生徒は外国語のアクセントに馴れて来て教師のいふことを解するし、又同時に自ら働く様になつて来る。而して之を成功せしめるものは会話である。

◎著者は本書の用方につけて教師及学習者に暗示したいと思ふ。法則は其実例と共に暗記せねばならぬ。而て読方課題を読み且英訳する。次に独訳の問題は先づ口頭で訳して後、筆でやる。最もて前述する。最後に会話の部を注意して読んで、然後で其内容上の復習をするのである。

◎以上のようで、此式が如何なるものであるかは明かであると思ふ。

さて此方法の勢力は今日も猶、中々盛なるものがあるので、吾人の第二、第三の外国語の研究は実に此方法でやったものである。又吾人が英語を初めて教授せられた時にも、此方法に似たものであった。のみならず現在の中等学校でも此方法を大いに用ゐて居る訳のあることは事実である。然らば、此方法は甚だ良い方法であるか否か。此方法には何か欠点とすべきものがないか否か。即ちこの方法の利弊は如何であるか。今少しく研究したいと思ふ。

◎此法の長所は大体左の如きものであらう。

一、既知より未知に入る其の程序の自然なること。

一、必然不可欠なる其国語の根本形式を網羅して漏らさざる

こと
一、文章を解剖するの力を養ふこと。
一、外国語を自国語に翻訳するの力を養ふこと。
一、和習文は進歩的学習を要すること。
一、演繹的方法による故に理解力の発達せる年長者の学習に適すること。
一、読み、書き、話し、聴くことの各方面の正確の練習を課しつゝあること。
併し文法の短所も決して少くない。
一、一時に雑多の規則を得て記憶せねばならぬこと。
一、新出文字の数多くして記憶に困難なること。
一、進歩が階級的であつて、既習の練習に重きを置かざること。
一、口頭上の練習に重きを置かざること。

一、作文を翻譯にのみ依らんとせること。
一、翻訳が自ら文法に拘泥して来ること。
一、譯繹的方法によると殊に年少者の学習に不適当なること。
一、自国語より外国語へ、又外国語より自国語への翻譯の題が一つ一つ別々にあつて何等の連續なく、又唯文法を眼中に置くが故に、世用の文を提示することあること。
一、外国の文物風俗を知らしむることに注意せざること。
一、断片的文章を取扱ふに止まるが故に学習至つて無味乾燥なること。
一、形式的陶冶の上から云へば、紀力の練習にはよいけれども情の方面の修養には役に立たぬ。

第廿一節　ヒユーハート及プレアル（讀句式）

Schuchart Bréal

◎独乙のシュハート及佛国のブレアルの二氏は大陸の所謂フレーズタイプ式（言sense type）を採用した。ブレアル氏は全てFranceに於ける藝術研究の學生に向つてなしたる講義の中に此式を説明したのであるが吾人は今氏の講義を断片的に引用して其意見を紹介しようとする。氏曰く「語学の研究は此等の文法から始めた。複数を作る規則、名詞の性の規則、形容詞についての規則、是等を初学者に先づ与へる。この方法は時に文典の正確なる知識を与へたけれども、屡々語詞を知らないために其規則は彼等の頭の中に空なる形式として残留するに過ぎなかつた。近来の語学教師は以前よりも一層甚だしく生徒に語詞を多く教へ之を標として来た。併し生徒を話し切るにたらしめるためには、他にもつと或物が必要である。何となれば、多数の語を覚えても、一つの欲念をも発表することも難く、一つの簡単なる欲望を発表し得ず、文一つの簡単な文を作ることも出来ぬ事があるからである。故に吾人は極めて始めからフレーズで教へねばならぬ。フレーズは生徒に依つて直接の思想を発表する機関とするものであり、彼をして既知の語を応用せしむるやうにし、彼に内の文、必要の文を作ることを教へるものである。即生徒を会話する様に促がするものである。生徒に於ては初め教へねフレーズは生徒が将来に於て自己の思想で表はす可き壌土とする可きである。故に記憶す可き語を慎重に選択することは極めて肝要である。独乙語には二つの構文法がある。其一方では、前置詞が動詞から離れて、最後におかれるし、他の方では、前置詞が動詞に先ち、即して動詞と共力するのである。

(1) Mein Vater kommt heute morgen an

(2) Mein Vater ist heute morgen angekommen

教師は此二者の異なる構造について理由を考へることはならぬ。又此規
138 則を抽象的の規則とすることもならぬ。要するに教師のやる可きは此
二者を固く記憶せしめる様に努力するにある。各生徒は之等
のフレーズの音読を反覆して全級のものが皆何れの停滞なく
之を反覆しうるに至らねばならぬ。教師は次々の課に於て以前
の課を反覆し其等を生徒の心意に銘せしむる様にやる可きで
ある。而かしアルギは後になれば、新しき練習を加へることを主張
して居る。

Mein Vater kommt heute morgen mit der
Eisenbahn an.

この如上のフレーズが充分に其の役を果たした後には、教師は同一の
型の他のフレーズを提示する。而して其の句は下の如き動詞で作るの
である。例へば mitbringen, vorlesen の如き之である。

把えられる部分のことに親熟してからは動詞を文の最後に持って行く接続詞の構造に生徒を馴らす様にするフレーズタイプを教へる。例へば左の如き文である。

Wir singen jetzt ein neues Lied

Weisst ihr dass wir jetzt ein neues Lied singen?

かくの如き教授によって生徒は言語の特別の形式を覚えて来る。かくて漸次生徒の思想の導かる可き土壌を与へられるのである。生徒は教へられたるフレーズの式によって、一つの動詞を他の動詞と交換したり又一つの名詞を他の名詞と交換したりして数個の句を作り得るに至るのである。

かくてフレーズタイプが練習せられた後は、多数の語詞を記憶するのである。

◎読誦の学習の方法に三ある。(一)は録音に於ける読誦のアルファベットの順序によるもの(二)はデリベートセンテンス即言語によるもの(三)はサブゼクトマターによるものである。然し之等は第三の方法を以て青年に最適のものであり、又欲求達成の原理に合するものと考へたい。family, school, society 等の項の下に関係ある読誦を分類する。併し読誦は孤立の儘教授して学習せしめては、ならぬ。却って其等は既知のタイプフレーズの框の内に挿入せられねばならぬ。かく作られたる、命題(sentence)之を教室で発せしめて、発言し、かくて後、生徒の手帳に書かしめ、又記憶せしめねばならぬ。

◎如上はプレアル及ビエコバート氏等によって採用せられたる方法である。併し茲に一の反対論がある。即ち従て教授を前提するから タイプフレーズは皆非常にイヂオマチックであり、母国語のものよりも順序、構造に於て全く異つてゐるのである。さて問より解答に至るといふのは教育上の原理である。然らば小児が使用してゐる自国語の構造に類似し又帷イヂオマチックある句から段々の学習をせるのが自然であり又容易ではあるまいかと。

◎此方法の長所の値ようりで如何に考ふるとも、吾人はパ氏が其結論に当つて、與へた忠言は之を心から稱讃し又其が何れの教授に適用せられるといふことを否むことは出来ぬ。即ち我は当初から正確明瞭なる発音をすることを主張し、不正の発音の一度侵入した時は到底修正の不可なることを説いた。我は一の地方訛と他の地方訛とを分つ所の発音上の微妙の差れは、重きを置かなかった。ブレアル氏は会話上の練習を統合して文法上の理論の研究に左袒した。我は抽象的シンタクスの複雑したのは吾々の生徒にのみ躊躇する様にした。勿論読書は直通りのため不可缺の補助である。速い読方並に緩々とした正確の読方は共にされてるである。

142 平易なる拔粹文は青年の心理に合し且思想は困難でないものは初学者にもよい。シンタクスの微細で確なる知識は論文を作るのと辞訳とに於て確實である。而し散文の作文を初めから始めることはやらぬ。

第廿二節 ツエッセント ランゲビーレヤイト

◎此法は最初仏語の研究のために案出せられたものであるが、この方法には賛成者多く又其成功も大なるものがある。この主張者の持って居る大目的は生徒に正確なる発音を与へるといふ事である。

一八三六年に著者は長き且苦心の研究の後に、仏語及英語の正確なる発音を教授するために、実際的に然かも意識ある形式をとった。彼等は其規則を数年の生徒に試み、而して其発音学上の系統を、他の国々外国語にも、應用し得る様に完全にしたのである。読本を一層興味あるものにし、且リーディングの範囲を狭くし其統一の基礎として仏語中の最も面白い小説を選択、するといふ考を出したのである。よく読本を与へる様で継者は此教科書から文法上の主要なる規則を引出した。小説の言読は之を三見地から研究した。(一)文法的見地(二)音韻的見地(三)文学的見地之である。研究の段々の方法まで有益なる思考を生徒に与へ、又如何なる事物と観念とを融合せしめるかといふことについても思考を与へ、又個人個人について其趣味を試験した。

◎此方法は之を大きな研究と注意とを以て應用し音読を生徒に指示する分量は小部分づつであった。併し其部分といふことは大いに度を異にして居るみならず最も多く注意した。蓋し若者にとつては、前も後も継続せる事業を成せる所謂の如きもので独て読を完全なる調子で読み得る者は偏読其読をも共鳴しに読めるといふのである。

◎文法上の規則の程度は容易に明瞭に、然かも傍念無しに行はれた様である。エロキューション、リーディング及作文は之を同時に課し教科書には生徒自身が自分の作文を訂正し得る様に排列してある練習のシリーズを入れた。思ふに此システムの教科書を始めから終りまで研究する生徒は何人でも外國語のイディオムに通曉するのみならず更に自國語の練習を大いに進めることが出来る、永い忍耐力ある忠實なる研究は此方法に於ての成功に必要なのである。

◎併し新音学のシステムはいかによく、立案せられてあっても教師の音に代ることが出来やうか。而は決して不可能であるが故に吾人は此式は教師の在る所に於て用ゐる可きことを勧告する。以上吾人の敍述した所は主としてホームスキの所説であるが、氏の所説の如く

◎コエッセミトル氏の方法では、一定のテキストを定め、之を初めから少しづゝ發音、綴字、譯文を一々説明して

又は會話作文、文法を附けて教へてゆく様にしてある。かくして、其のテキストの全部を終る頃には一通の文法は摑んで作文も會話も、譯も発音も出来る様になるといふのである。而して此等の用ゐてゐるテキストはヂッケンスのクリスマスカロルである。

この方法には長所短所も少くない。而して後にいふホイセルの方法は、前者の缺点を補はんことに大いに努力したもので、ヂレブナは左の如く言ってゐる。

◎「此法は獨習法として從来案出せられたものゝ内での最善のものであって、其特点は

一、普通の總ての文字に少し宛の記号を付けて、発音を示すりに、恒と意したこと、

二、讀書の課毎に多数の對話を入れたこと。

三、答へをする前には法を一々反覆することを望んだこと
である。それで此法に伴ふ欠点は、独習法として覚える可からざる
ものであって、初学者は書物ばかりでは到底適当に教へることが
出来ない。初学者の仲間の如きは、到底試人この者には及ばない。
又此方法は耳を馴らしてから眼に入るといふ如き順理を踏む
ことが出来ぬ。

◎この方法には種々の良い点もあり、又多くの他の新式の方法
と共通の点もある。且つ此法は日常の事物を取つて材料とし
読書課は毎回之を分解して扱つて居る。真に熱心なる学生
であれば、よく成功するであらう。要するに数個の新音法の教
授を受けて後に進んだら、誰でも熱心でやれば成功すると信
ずる。二三人同志相集つてやれば尚更である。云々。

◎以て其の長所と欠点とを知ることが出来る。

第二十五節　マーセル Marcel method

此方法の根本思想は、言語の完全なる知識は四個の作用を有して居る。而して其の四作用によつて、吾人は観念を発表し又交通し得るのである。再言すれば(一)読方即、書いたものを了解すること、(二)他人の話した言語を了解すること。(三)言語を話す能力、(四)作文の力によつて観念の発表交通が行はれるといふのにある。

◎(一)読方

マーセル氏曰く「読方は他人の話す所を了解しうる結果であつて、後者の力をうることは談話力をうるよりも数十倍困難である。又読方は話方よりも一層有用である。何となれば吾人は日常生活に於て読む機会が話す機会よりも甚だ多いからである。読方並に聴方に於ては、吾人は常に新しい或物を学ぶのであつて、言語の知識を増加することが多い。然るに話方に於ては、吾人は何物をも学習することなく、ただ言語其物すらも之によつては、学ぶことが少いのである。蓋し話方では新語一新語一新観念をも取入れることが無いのである。語学研究に於て、如何なる目的を有するにせよ、其本の目的は語詞（ワーヅ）が吾人の心中に観念の直接の伴侶として存在してゐて、其等の言語が互に他を自ら喚起して来る時、即言語で思考する時に、実際に浮んで来る様になつた。かかの辞書訳の如きは、言語で自由に使用するといふことにとつては大なる障害である。」

(一) 読方についての私の意見、読書に成功するためには、論理的順序によるを要する。

◎語学では読方が最も必要である。何となれば之は他の言語を学ぶ基礎となるからである。のみならず之は容易であり、又教師なくして学習し得る。読方は何れの時、何れの場所でも練習が出来る。家でも、外でもやれる。読方は言語のフレーズ、オロヂーの研究の為ともなり又甚だプレーイオロヂーの條理を訓練する方法ともなる。読方は他国人と交通せしめるものであり、又他国人の感情を知らしめるものである。

◎㈢聴方

―他人の読話を了解することが第一に重要である。この力は、社交上極めて大切なる力である。聴方では読方と同様に他人の知識を増すことが出来る。而して之が学習には読方を練習するの必要がある。語学をやる人は自分の了解し得る書籍を他人に読んでもらうことが必要である。之は教育に耳をならしめ、又其書中の語を音にした時に認識し得んがためである。

◎書物を長く又注意して読み、又教師の読方又はよみに注意を払った後では、其後は文字法並に字音上に困難がなくなる。この種の読方及聴方は後の綴方及話方の材料である

◎(二)翻訳による間接の読方

マーセルボは下の方法を以て容易に読書力を養ふ最良の方法とした。一つの読本を与へる。但し其読本の一頁は、其外国語を書き、他の反対の頁又は翻訳語、文を書いてある。例へば独語を研究する佛人とすれば、其人は特に読まんとする独語の仏語を備給せられて、仏語の読方から始めて其れから一句一句、一語一語に訳語の方から独語の本の上に移るのである。かくて生徒は既知の観念から未知の観念に進む。而して其次の

一、後期は生徒が自身の作業訳で通読し得る。独読は読むことである。
一、前期は生徒は外国語の読と発音することを注意して避けるのである。

◎解訳によつて与へられた説明通訳は字引によつて得るものよりも一層良いことは勿論である。

訳といふものが生徒よ著者の思想を掴ませしめることの遅速あることが生徒に読書的興味を与へる、この興味は生徒が一語究字引に依つて見たり、又は其れがために著者の思想の流を中断する場合には得られぬものである。解訳で仮に読方をする時は同一の記述方法を幾度も通過し従つて其は一個の中に印象せられるものである。

◎マキによると文法は読方の理解には必要である、但し読方及作文または同一形式のものである。

◎四読詞の区別――若し吾人が自然の命ずる所に従ふとすれば吾人は読詞から句に進むよりも、句から読詞に行く可きである。何とあれば孤立の読詞は何等知性に訴ふる所がないからである。故に読詞を学ぶのには、孤立的にやつてはよくない。之が為文は筆記の論説を読みて之をとり、観念連合の助けによりて、読詞の意味(センス)を把握し、又心的連鎖を継続する様にやる可きである。

読詞には二種類ある。一は其自身の意味のあるので、他は之無きものである。即ち名詞、動詞、形容詞は第一に属するし、而して他の要素、前置詞、副詞、接続詞等は前者の意味を統合し変化し完全にするのに役立つのである。

◎第一の類に入る可き読詞は其数極めて多くして又之を一々に記憶することは甚困難である。且又其種の読詞のインフレクション及び除外例はフレスオロヂーによるのである。然かし第二の類は形が変化せざるのみならず、甚重ねられる事も極めて頻繁である、初学のものは此等の語を覚えておくことは、読書の上に便利である文法は必要であるが、併し数及人称を区別するため、動詞のインフレクションの際的研究をやり、又名詞のインフレクションの一般の観念を得ることは有益である、又或は発音だ熟練しない間は是等のコンジュゲイション並にインフレクションを暗記さすことをしないのである。自国語に於て適当するすべての読詞は発音を試みんとするのが普通の常であるが、之を外国語に於ても必ずやらんとする、併しえあ時々は発音せしめることをやめて単語綴のみをいはしめる様にすることを試してゐる

◎五、黙読方

書物を読んで直ちに了解する所謂黙読は吾人の達す可き目

的である。譯讀は實はこの重讀の準備として必要あるに過ぎぬ。

◎（六）マーセル讀本

マギ並にマギの博學熱心なる助手達の作つた初歩の讀本は如上の原理によつたものである。サブゼクトは生徒の理解力以上といふよりも以下である。語は其形式複文を避けるといはれて、文言讀の困難といふ思想を懐かすことを避けんがために除外した。又之、面白い選話類や普通の物語を用ゐ其用語は全く實用的のもので且意味の明瞭なものに限つた。一頁に外國語文、他の頁に譯文を書いて置く。兩者の讀本には慣用句を入れず極めて普通なる語を用ゐる。かくて譯するよりも生徒は字引なしに各孤立の語の意味を発見するのに何等の困難をも感じない。

同一の語を何回も讀ましめる。生徒が讀本を進むに従つてリイデイングが満は実力のある。読は日常の読で出来てゐるから生徒は進んだ会話並に書簡に適用する読誦及解釈の方法を会得する。かくの如くして読方の二目的なる書いたものを了解すること、思想の発表に必要ある材料を得ることが出来る。

◎生徒は多量に読むことが必要である。字引が記憶を助ける事といふ考は誤である。学習といふことは研究から起るので負の練習から起るのではない。類の助によって二十冊読むことは字引で一冊読むよりも容易である。速読の効はあまり効がない。

◎一節の読を終て、生徒の心は余り錯乱した諸観念を以て充される。併し読誦はつるあしに一層明瞭なる意味をと得るであろう。同一の読が変つた句となつて屡々出て来ることは生徒ま其読の部分の意味を引出さしめることが出来ない。生徒は難易から容易に進むのである。生徒はイヂオムの上に注意しなり又其文を分解することを習はすべし。一節を新しく通読するに又翻訳を参考するのみならず慣れて来る。

◎生徒は(一)シリーズの中の一冊めの方の部分は各の大部分を入れ(二)之を翻訳なくして読み回る迄に反覆する(三)又マージンに及難点をしるしたり又記憶し難く説明し難き所又はアンダーラインを附ける様にする(四)既に練習した節を不断に復習することを忘れてはならぬ。

◎(七)話す話を部分みて會すること。

◎読書力は教師が無くとも得ることが出来る。他人の話す言語を部分みて解するのは教師なしでは出来ぬ。これは

良教師が缺くべからざるものである。又それは正しい教育
を体得することの易さは不正の教育を体得するに等しいの
である。
◎子供が自由読を体得すると同様の方法を此時代に用ゐる
可きである。読方と綴方は同時並行せねばならぬ。
生徒が読方の時に綴字した細読は之を教師が読み学
かしむれば耳の練習に役立つのである。生徒は書物では
目を練習するし、教師の前では耳を動かすのである。かく
て目と耳とが互に助ける。
◎教師は既に生徒の読んだ節を用ゐて既知から未知
に進んでゆく。只最初生徒は一句一句に明瞭に綴ると教
育してゆく。生徒は是等の句を順次に試してゆく。但其
仕事の長さは学力の進むに応ずる。之が出来ると教師は

修正せずに句を読む。しかし生徒に心中で解釈する時間を十分与へてやる。教師は決して独断的な説を前提としてはいかぬ。句は与へられた生徒の心に自由の観念を暗示し且其句は、耳から其句の一般の性質を了解するまでは分析してはいかぬ。

◎この聴方の練習の内に教師は如何の一句までも生徒が読本の材料を練習したかを検べねばならぬ。検査は一週から教師は生徒を奨励して読本の材料から文詞の性質是等の語の変化、及びその規則を理解せしめ、又規則的詞、不規則的動詞の語尾などが文章中に於ける或語の位置及其語と他の語との一致、一致法についてのノートを作らしむるのである。練習から生徒は理論に進み、かくて文典中の最も大切なる点についての明瞭なる観念を漸次に完成するのである。

◎断片連續的の読方に、代へるに断片的の其れを以てする。而して前後に紙面読数次の運動ある音読により、又発音せられた音と観念とを連合せしめる様にし、生徒をして練習することをよくして、聴いた事を直ちに了解する様にならす可きである。此時期に於て生徒は読まれたる言語の概念をもつて居り、又会話の言語に継ぐ様に向ひつゝある。読話の方法は発音の練習の自然の結果である。

◎教師が音読する間は、生徒は決して書物を見させてはよくない。之は生徒の注意を乱すからである。観念は耳から入る可く、眼より入るのべきではない。

◎八 発音の練習は

発音に就て教師のなすべきことは生徒の誤を正すよりも誤を生ぜしめぬ事が大切である。其故に生徒は教師から反覆して聴かされる迄は一読も斉唱してはよくない。聴方が充て生徒の耳は正しい音の調子を得、かくて斉唱機上の準備が役立つのである。
◎書いた文字で音読をして斉唱を教へる事は感心せぬ。文読の綴字が正しい音の完全なる表示である事は勿論である。読方では読本の方から観念に至る。併し観念から読に至る様にすれば生徒は正しい斉唱を得るのである。換言すれば読まれたる読を聴くことで正しい斉音が得られるのである。

◎生徒は自分で斉音をする前に教師の読を了解しなければならぬ。又生徒の耳はよい斉音に馴らされねばならぬ。この二者が能く出来たら教師は更に生徒の馴れてゐる一節をねつて来る。教師は黒板を使ふに讀み且短い句をそれ〳〵讀む、而して生徒は讀本を見ずに教師の読を反復する但しこのばあいは、発音のみならず、語のアクセント並びに区切方なども共に正確なるべきである。教師は今之を読む。但し此の場合は（生徒に併読させる様に（停止せず）唯一般の人の調子と表情によって、読むのである。

生徒の発音の練習を試めすために、生徒をして全体の部分を教師について、教師の通りにその後について読ましめる。但しこの生徒にでも未だ嘗て発音を聴いたことのない語の意味を知らぬ語の発音を自分で練習することは許さぬのである。生徒が一度発音に正確さを示した時は、音読を以て練習し而して散文、韻文における技術を記憶せしむるのである。

◎動詞は文章中、主要なるものであるから、教師は之をすべてのムード、テンス、フォームに於て、即ち能動、受動、レフレクチブ、肯定、疑問、否定に於て変化せられる様にするかくて数千の文章が適宜に構築せられるのである。

◎九 標本的の句の使用

教師は一節が読了された後では其中の標本的の句を抽出し且之を板上に書くがよい。是等の句の生徒は静読せられたものは、其等の中に含める語を挿入して其を変化し文適用す可きである。是等のタイプフレーズは命令的の文章からならず、むしろスタンダードオーサーから取ったものである。

◎さて是等の句は之を生徒に暗記せしめねばならぬ。句を記憶するだけでは、生徒は句を知るのみで、其以外には何物をも知らぬ。然るに若し生徒自身で句を作ることになれば生徒は其句と共に規則をも覚えるのである。実例の方が規則に先立つべく、文法は実例によって教く一つのものである。

但し文法上の深い知識を必要とする人は学力の進んだ時に抽象的の規則の研究に身を投じ、其規則を説明する英作の文字を作ることを努力すべきである。

◎（ロ）原句の構造、會話、

標準の句を目前に置けば、生徒は是れを標準とする。生徒が其他の句を作る時は、自分の説を基としてやるよりはよく学んで居る外国語のモデルによってやらねばならぬ。即生徒の観念は直ちに外国語の形を取らねばならぬ。かくてこそ生徒は外国語で思想し得るに至るのである。邦語の句から連続的の論説に、即ち翻訳から思想の直接の発表に至って、生徒は外国語のイディオムで直ちに説明する方法を練習する。而して之を生徒は自分の説で書かずに読んだ短かい物語又は一学年上の事件の要点を表はすことに於てやるのである。是れの熟語等は決して一語一語に反覆するのまではない。文章の記憶の練習とするべきではない。暗誦は会話であって、一定の順序に於ける或語の反覆に過ぎぬ。併し自分の読んだ事を自分の語の中に入れておくことは、実際の時の発言といふことに大切であることは、自国語に就ても、外国語に就ても同一である。

(四) 有為の教師は一物の形状、部分、色、大さ、性質について無数の質問を提供して会話せしめる事を知っている。彼は又概括及再説れまて不断の練習を与へ、かくして一般に読解力を発達せしめるのである。

◎(廿) 散文作文の教授。

作文は最後の段階のやうなものであるが、何となれば是れ人の生涯に於ける作文の機会は読解する機会よりも少いからである。外国語作文の主要用途は多様である。併し作文は言語に関する完全な批評的知識のため、有力な助けをなすものである。

⓪読方、聴方、話方に於ける適当な力が大なれば大なる程、作文力はそのためにする練習は容易である。文法の規則の用のための作文は寧ろ生徒をして其業をいやがらしめる上等である。実用上の用向き文で作らしめる事は生徒をやがらす、よい方法である。

◎作文は模倣といふことの上に立ってゐるので、また規則を学ぶ文法をよく学習することはならぬ。名人はスタンダードオーサーを択って其れを手本とするのである。良き散文を研究すれば、同時に良き例と規則とを覚える。又正しい文法と其の他の語の用法を覚える。又上等のことばクラスと よろしき文体とを得るのである。各時代の作者は其の學の作を研究して之に倣ふ作文をするにあるのである。

◎模倣の改良の方法は一面翻譯といふことである。其法は一文を自國語に翻譯し更に之を原文に翻譯を返すのである。殊に外國語の作が其法の進歩を見、又其の語を為す所の純粋の方法を其儘に与へるのである。而此方法は何年の教師も必らずとしないのである。

◎永い間スタレンガード、オーサールについて研究し、文章書法の手本の模倣を努力した後、其方法は自己の思想を直接的に、所謂の散文で発表する様にする。

◎良作者を研究して居れ作文の文体は其作者が依拠と文脈文学的の議論とのある物外な法によつてゐるものよりも一層望ましいことは事実である。

◎熟く記憶する事は、絶對的の正確と慣用句的の正確と以て外国文を綴らんとするものは、自国語を忘却するか又自国文を不完全なる書くの危険を冒すものであるといふと、之である。

◎（十二）マーセル式の長所短所

以上はマーセルの方法の根本である。氏の著書よりも多く体系規則又広く応用し得る一つの忠言を含んでゐる書物はさうは少い。併し、今少しく之が批評を試みやうと思ふ。

◎全組織の基をなしてゐる四個の根本は実際よりも多く別個なものである別方である。殊に、すべての人は何時に読まんためにに、読書せずして、話しねる様にならんと努める、又読方のはなるまでは発音を模ねしてゐる。この規則に従ふことは不可能である。何人も外国語の発音を出ずして、読むことは出来ぬ。各自ん考へれば明かである。生徒は読んだ文、言葉に向って何か発音を想像せずに読むことは出来ぬ。これ実に外国語の研究はマネの如く読方からやる可きでなくして、力ある教師の下に発音からせる可きものたることを示す事実である。マネの者の如き、場合は学校が他の王者又は向ふことの全くない場合にあるのみである。

◎マネの方法の最大欠点は其進み方は論理的であるけれども吾人が母から言語を学び文言語研究の目的で外国に於て人の採る自然の方法とは異つて居ることである。

◎併しマネ及テオドレ其他是等の人の作つた、英、独、伊、露、語学に関する書物は独学者に有益に使用されてゐる。又其の真に書いてある訳は、字書の用を除く。又其中の練習は独学者に好学の読の足らざる知識を指導に与へるのに、よく出来てゐる。（本記はホームスカーに依る）

第二十四節 プレンダーガスト

プレンダーガスト氏の Handbook of Mastery System にある方法であつて、名の示す通り或一文を教授して其を暗誦し得るまで幾回も反覆練習する。かくて其文を心の中に浸み込まして我物となし、而して其の法則等を習慣的に覚へるといふのである。これは拉典等の學習に用ゐるけれども、大分乱暴な所がある。即ち鸚鵡は能く言へども飛鳥を離れずといふが如きことになることがある。一体プレンダーガスト氏の Mastery System は文法式の不自然なる文句の代りに、日用の語句を用ゐ、出來る丈成句、通詞に親熟せしめんとする。從つて初期には文典を用ゐない。之は小児にとつての方法として當を得てゐる。けれども之は如何にも盲從式であるから、いつまでも之に甘んずることは不可能である。要するに此方法は支那の背唱流である。反覆惟れ力むといふのである。

一体パイル氏は氏の「人は如何にして最も容易に且最も善く言語を學習するか」といふ書物、及其他氏の著書に於て、此の暗誦法を語學のすべての方法として主張したのである。氏のやり方は簡單であつて、文法もおず、又自國語からの飜譯も用ゐない。一時に一語づつ、一週五六時間づゝ全速力を以て下の如き方法で教へるのである。學習の最初から、一つの書物を生徒に持たせる。先づ二三行の文を教師が音讀する。而して次に生徒が音讀する。此場合に若し必要の時は數回反覆する。次に一語一語づゝ教師が飜譯する。（然かも其の譯のやり方は独逸の文の構成法を全く度外視したやり方である。）かくして次に生徒が同様に譯する。而して次に生徒が二回音讀し、次に又次章を始める時にも之を讀む。毎月曜日に生徒は前週中に習つた所を音讀する。而して又全体の語とか、全体の本が濟んだ時には一休もせずに音讀をやり通すのである。飜譯は、併し生徒が誤解する危險のない時には略して行く。又極めて平易な文章の時には之を全くやめて、前の如き方法で音讀だけをやる。かくの如く音讀だけを反覆して居る間に自國語は背面に沈んでしまつて、外國語の慣用語が意識に把束せられるのである。此の方法は氏が個人的の教授に於てやつた所では成功して居る。此の方法を人は精神のない機械的のものであるといふ。併しながら之は果して意味もない文法上の文句を譯して行くのよりも精神なきものであらうか。之は五十歩百歩であるかもしれぬ。然れども此法はあまりに單調であるの嘲を免れぬのである。

思ふに語學には機械的反覆といふやり方が必要である。けれども一も二もなく反覆のみでやらうといふのは一寸乱暴である。心理上からはあまり感心出來ぬことである。かくして收得した力が應用し得られるかどうか頗る疑問である。暗誦は必要であるけれども其は程度問題である。一部の方法として大に必要なので、之を以て語學の全方法たらしめることはできない。

第二十五節　グアン式

グアン式は佛人グアン氏によつて、一八八〇年に其の著「言語の教授法竝に研究法」The Art of Teaching and Studying Languagesによつて創始せられたもので、其の方法は此迄の諸種の語學教授法を研究して其の不充分なるを知つた結果立せられたものである。之を今日から見れば色々といへるけれども、其の著は中々の苦心の結果である。今少しく此法に就いて調べて見たいと思ふ。

「子供は實物を見て來ると、其から得た知覺を消化して、主觀的の心像卽ち觀念とする。而して此の過程の第一は回想といふ作用であ第二は概念といふ作用である。他の言でいふと、子供はも早や肉眼で見して、一つの心眼で見る。卽ち再現するのである。この心眼で見るといふことが極て重要であって之が我が自然式の出發点である。之は我が語學法の一の根據である。其故に吾人は先ず吾人が知覺したもの、又吾人が回想作用、概念作用で吾人の個性にしてしまった事物を吾人の心眼に供することから始めるのである。所がこの回想作用といひ概念作用といのは雜多の材料を整理することである。子供の言語上の働は吾人がて想像した樣に偶然に起るのでなくって、一の順序によって種々の語を類化して行くのである。而してこの整理作用をやるのに主として働ものは時間の連續といふことである。而して子供は之によって原因と結の關係を知って來る。この時間の連續と因果の關係、といふものに更反覆といふことが加はつて来て其の整理が充分になるのである。且又子供の言語は最初のものでも孤独の語ではなくして、句又は文章をなしてゐるのである。子供が國語を覺えて行くのは單語から單語といふのではなくして、句から句といふやうにやつて行く。又子供は動作を言表すことを力める。而して之には動詞といふものが大事の役をする。動詞は實に子供の言語の根底を作るのである。故に動詞を基として語學の方法を立することは切なことである。又從來の語學では讀方を先ずやつた。けれども之は不自然である。子供の語學の第一の方便は讀本でない、全く耳で聞くばかりである。一體眼は色や形を知覺するためのもので、耳は音や語を知覺するためのものである。故に語學は耳からやるべきで、耳で把束した後に眼で見手で書くといふことをして其の把束を充分にすべきである。

大体以上の如き理由から氏は言語の分類をやつて之を觀念聯合の事實によつて、子供が國語を覺えるが如き方法で教へんとしたのである。其の教授法はどんなものであるか。其の分類のやり方はどんなものかは次に説明する所で一斑を知ることができるだらう。今仏語を教授する場合を假定して見る。

氏曰く先ず最初に、

I open the door of the class-room.

といつて、其の目的に達するの手段を言表す語を下の如く生徒の國語で話す。

一 I walk towards the door, I walk
I draw near to the door, I draw near
I draw nearer and nearer, I draw nearer
I get to the door, I get to
I stop at the door I stop

— I stretch out my arm,	I stretch out
I take hold of the handle,	I take hold
I turn the handle,	I turn
I open the door,	I open
I pull the door,	I pull
— The door moves,	moves
The door turns on its hinges,	turns
The door turns and turns,	turns
I open the door wide,	I open
I let go the handle,	I let go

これで提出した目的は達せられた。而してこの練習は紙の上に書いた

のでなくして、耳に著いたので、即ち其は耳によって精神内に入ったのである。低能の生徒は今一度之を反覆し、他の生徒は其の目的だけでなく、途中の手段をも明に想像する様にする。斯くして皆生徒が練習を思想した時に教師は前の句をとって、其中から動詞丈抽出す。而して其に仏語を與へる。此時に仏語は何度も繰返すのである。かくて一文が済めば次の文に移り同じことをやって行く。これがまず教授の第一段である。（一）印は休止と反覆とを示してある、教師が其の文を代表する動詞を一度又は二度反覆することを意味するのである。

さて此の第一段に於て主として働いたのは耳である。英語を受けたのは耳であり、しかも想像といふものの内へである。練習は生徒が読んだのでなくして、思考したのである。仏語を受領したのも耳である。而して仏語の音の夫々は英語の語即 walk, draw 等に相当するのでなくって、英語の表す觀念に相當してゐるのである。英語から仏語に飜譯したのでない。觀念からの直接の譯である。英語は唯其の媒介をしたのみである。他の言を以っていへば生徒をして仏語で考へしめたのであるからかくの如く之と同様の方法で他の語、句、文等を教授していくのである。之で明なる如く最初は全く耳によってやって行くが、耳に於ける把束の充分に出來た後は書物を開いて、讀方及び書方をやるのである。

以上叙述した如くやるのであるから、此方法では自國語を用ゐることはできぬ。又作文、文法等も教へて行く。併し他のものと並行することを注意して居る。此法はかくの如く語句の系列によって方法を立てるから系列式といはれ、又其の心理上の原理によって居るから心理式等といはれてゐる。

さて此法の利害はどうであるか、此法を非難する人は、其れが餘りに形式に流れ、餘りに繁雑に陥り、又餘りに單調であるといふのである。

又或人の如きは、此法は知識の程度並に其の境遇の全く異つてゐる、自國語を學ぶ小兒と、外國語を學ぶ者とを同一にしたものであつて、同一に論ずべからざることを根據としたものであるといふ。又或人の如きは、これは「愚案式」であると罵つて、之は嬰兒教育法を取つて直ちに少年教育法に轉用し、母語教習法を以て直に外國語教育法となしたる背心理學習法」で、足らぬものであるとして居る。併しグアン式は現在でも獨國等では用ゐられて居る所少くないやうでブレブフの報告書には英か獨國滯在中に此式の變化したものの授業を見たことがあり、又中等學校視學官ドクトル・フォン・シャルウルク氏の如きはバーデンの教員に此式の實行について研究せしめてゐること、ベルリン第十二實科學校並にハンブルヒにも此教授をやつてゐるし、教員中にも此式の研究をして、實際教授に應用して居るといふて居る。併しグアン式其の儘にやつて居るものはなく、皆多少の修正を之に加へて居る由である。之れ蓋し此式に前述の如き缺点があるからである。独国の学者も此式が動詞に重きを置いて居り、又文法上の組立に於て大いに巧なるものあることを称讃して居る様であるのみならずグアン式が相関係する動作を色々と分類して組織を作った点は独國でも大いに認めてゐる様である。然れども独國では言葉を出来るだけ実物や動作に伴って教へて、翻訳を避けることを重んずるからして、従ってグアン式が実物とか絵画とかを拒けたのに反對してゐる。即ち独國では単に生徒の想像力にのみ依るといふことに反對して居るのである。

又スヰート氏曰く、「此法は自國語の学習の場合には、外國語の学習の場合とは非常なる好境遇にあることを忘れたものである。自國語の学習は幼少の時であり、且其時間のすべてを之に費すのである。且其人の心意は全く白紙の如きものであって、各人は新しい語詞と共に新しい観念をも学ぶのである。而して此の語詞が観念の鍵となつて語學上に生氣と興味とを與へるのである。併し此方法は更に欠点がある。即ち此方法は極めて緩漫なる方法である。且其の結果は不完全である。尚ほ吾人の模倣の力は年の増すと共に減じて来る。特に發音に於て然りである。のみならず人は其を用ゐることすらも欲しないやうになるものである。此の方法の不便の点は生徒は既に他の外國語を學んで居るといふことに關してである。即ち生徒は自國語の外國語との十字連想から来る困難と戰って自国語を忘れようとせねばならぬことである。併し此方法の根本の欠点は大人を小児の位置において教へんとする所にある。

第二十六節　直觀式　Holmes

研究と經驗によれば直觀式と稱せられる式の心理學に最もよく合する

様である。此方法は母が子供に教へ又成人が自分独りでやるときに用ゐる方法である。この方法は子供らしい、併し一二年間は少くとも之によるべきである。他には方法がない。勿論此式では深遠なる又完全なる言語の知識を與へるにはよくないかしらぬが、普通の語學力を與へるには充分である。

母が子供に言語を授けるのを見るのに、先づ実物を前に置いて其の名を反覆して子供に繰返さしめる。又身振等でこれを助けることもある。決して譯によつて目に訴へることをせずして耳に直に聴かしめるのである。之と同様に外國語教授もやるべきである。言語の記憶は事物と結合したときが他の語と結合したときよりも強いのである。普通の事物の言語が直觀法で濟んだ後には繪畫、圖表等を用ゐて間接の直觀で教へる。つまり直觀式は外國語と直接に接するといふことを力めるのである。飜譯に代へるに直觀を以てするのである。

第一項　直観式の歴史

直観式は遠くモンテーニュ既に之を使用して居り、コメニウス、ロック、ベゼドウ、ジヤコー等皆直観によつて言語の教授を試みんとしたものである。故に其の発達は極めて長い歴史を持つてゐる。

併し今日の所謂直観式は比較的に新しい。文法式を排斥した最初の人はハンブルグの女学校の教師ルヴィエル Lamiel 氏は之に代ふるに直観的練習を以てすることを極言した。併し此式を應用するために書物を著して之を仏語の研究に適用する方法を示したるものはディユコタード氏 M. Xavier Ducotterd である。

第二項　ディユコタード

氏は其書の序言に言ふ、近世語の教授は先づ作文と會話から始めるべきである。文法式にては生徒は書物と語の奴隷である。経験の狭い範圍、若年の生徒に對してはあまりに無趣味なる言語、あまりに科學的なる言語や抽象より遠かるには、生徒の注意を具体的なる、且觸知し得べきものゝ上に向けることを要する。これがためには、コメニウス、ペスタロッチ、フレーベル其他教育者の用いた直觀によるのが一番よい。吾人の見たり觸れたりしたものが最も永く印象を留めるし、又其名稱が最も深く記憶に留る事は吾人の認める所である。生徒には彼等の了解する言語を話して働かしめ、無趣味の語詞を與へてはならぬ。科學上の題目とか、其他かくの如きことを教授する前に、教師は生徒の周圍のことを終へねばならぬ。會話に趣味あることは成功の道である。繪畫は直觀式に必要である。如何に粗雑なものでも、會話作文によい材料を與へる。繪畫によって生徒の注目をひき、想像を盛にし、感情を興奮せしめることが出来る。氏は一の大なる語集を生徒に授ける方法を詳細に説明してゐる。先づ物体又は繪畫を見せる。次に其名をいふ。生徒は教師について代る代る又は一緒に伴唱する。次に之を板上に書く。練習の方法としてインベンションといふのを用ゐる。これは或プロポジションの頭だけを與へて生徒をして之が經驗を作らしめるのである。教師は又一文章の一部分を與へて之を完成せしめることもやる。又最も有益なるは問に對する答を作ることである。直觀式の主張者は後に至つても印刷文を熟讀したり、又翻譯することはあまりやらぬ。その代りに大いに努めることは生徒をして其國語で考へしめる様にすることである。

第三項　ベルリッツ式

此式は一八七八年独乙生れの米人ベルリッツ氏が創始したものであつて、

Berlitz School といふのが欧米には澤山私立で設けてある。併しその學校の數は独逸に最も多い。而して独乙に於ける同學校の數は他の欧州諸國に存在する全數よりも多いさうである。此式は教科書は公にしてあるけれども其の授業の方法は秘密に附してある。爲に其の内容は之を充分に知ることが出來ぬ。けれども伯林に於ける此式の本營だけは教師に限り無料の參觀を許されるさうで、生徒の數は一學級何れも八名を超へぬやうである。此式の主義並に其の實際のやり方は、多く革新派と一致して居るので、其の特に異る點は語學の最初から全く母國語を使はなくつて身振其他の者で教へるのである。今此式を我國の生徒に適用した Miss Hartshorn の First Book of Spoken English の中に書いてあるのを見るのに曰つて居る。

「さて直接法では言語を先づ耳にて受領して、眼で固定するといふのであるから、教師は先ず全級に一般の事物を見せる。この時其の名稱を唱へて文而して其れについて發問し、自身が先ず答へて、次に全級に質問するのである。かく耳で學んだ後には其の語詞を文章に用ゐる。かくて後に黒板に書き、又生徒の筆記帳に書かしめる様にする」と且又女史は此法を用ゐるについての注意すべき重要の件として左の如く云った。

「一、生徒は充分に注意深くなくてはならぬ。教室内の發言せられたこと、各自の發言したことは全体の者に　する。各自は其の發言が自分だけに向ってなされたかの如くに　するを要する。之がためには新語を教へる時は、其れに就いての問答が全級に行渡る後までは黒板に書いてはよくない。

189

二、生徒を驚かしたり、又失望せしめてはいかぬ。若し生徒が行きつまったら、之をすゝむるに自分に伴唱せしむることを以てする。又問を何回でも反覆して正答を與へしめるやうにする。若し發音に對して生徒が單に yes とか no とかいふ時は、其文章を完全に言はしめるがよい。而して此時には發問を繰返して助となさしめるべきである。
190 簡單なる發問をなし、又多數の發問の形式を知ることは談話の秘訣である。

三、生徒は單に教師の與へる所に傾聽するのみでなく、課と課との間には自習を多くやる必要がある。

四、新語を絶えず與へていつて、興味を與へ實用に供すべきである。

五、明晰といふことが極大切である。

六、教師は身振以外のものを用ゐずして、教室用の語を用ゐるべし。

七、文法の規則は生徒が簡單な文章の構造を知るまでは教へない。

八、誤つた發音、誤つた文章を觀過してはならぬ。

此式では發音の仕方を生徒に示そうといふことを企てないで、生徒は發音を度々練習して聞き覺えるやうである。又譯解や語句の口さきのみの教授に反對して、不斷の問答を用ゐる。初の八回の授業は全然口頭でやつて、生徒は摸倣ばかりする。讀書の教授も新式教授法とよく似通つて居つて、教師は常に先ず讀んだ文について問をかけ、既知の語法の中へ新語を使込んで、新語の意味を説明する。練習は讀書教授で教へたことを問答してやる。人稱や時を変へて、一句を書き変へさしたりする。故に革新派と一致する所が多い都であるといつたのは事實である。

此式の短所は時間の浪費、無用の混雜、であつて、生徒は言語
191 文章の精確の意味については少くとも一時は漠然たらざるを得ぬ。又文法上の活用の上にも誤ることが少くないやうである。併し此の時間の浪費といふことについては Miss Hartshorne が、「然れど

も自分の經驗によると、學習の最初から、「直接法」又は革新法を用ゐたならば決して時間の浪費が起らぬのである。これは生徒が初期に於て既に、從來の方法で以て得たのと同數の語を話し、讀み、書くべく學ぶからである」といつて居る。尚又此式が發音の教授に於て缺点があるとすれば、其も一大缺点たらざるを得ぬ。又此式によつて洋行中に伊太利語を教授せられたといふ某文學博士は、大人の教授としてはあまりに迂回した方法であつて、全く母國語を用ゐぬのはいらぬ骨折を教師がなし又之を生徒に與へるものであるといはれた。併し同氏は身辺日常の簡單なる所の用語から入つて其外國語の話される國の首府に入つて語學が完成する様に出來てゐる所などは面白く出來てゐる。且此式は中々に語學の方法としては善いと思ふといはれた。今は左に Miss Hartshorn の書の第一章を引用して暗示を得ることにする。

A book.   A pencil.   A box.
What is this? It is a book.
What is this? It is a box.
What is this? It is a pencil.
What is this?
It is a book.
What is this?
It is a pencil.
What is this?
It is a box.
This is a desk, this is a chair: this is a black-board.
What is this?

It is a desk.
What is this?
It is a chair.
What is this?
It is a blackboard.
a pen; a knife; a bag.
What is this?
It is a knife.
What is this?
It is a pen.
What is this?
It is a bag.
Is this a book? Yes, it is a book.

195

Is this a pen? Yes, it is a pen.
Is this a book?
Yes, it is a book.
Is this a box?
Yes, it is a box.
Is this a desk?
Yes, it is a desk.
Is this a knife?
Yes, it is a knife.
Is this a pencil?
Yes, it is a pencil.
Is this a blackboard?
Yes, it is a blackboard.

Is this a chair?
Yes, it is a chair.
Is this a bag?
Yes, it is a bag.
Is this a pencil? No, it is not a pencil,
it is a box. Is this a blackboard?
No, it is not a blackboard, it is a bag.
Is this a desk?
No, it is not a desk, it is a book.
What is this?
It is a pencil.
Is this a pen?
Yes, it is a pen.

197

Is this a blackboard?
No, it is not a blackboard,
it is a knife.
What is this?
It is a blackboard.
Is this a book?
No, it is not a book, it
is a bag.
What is this?
It is a chair.

この項に Reading lesson として左の文章が書いてある。

a bag. a box. a book. a pen.
a desk. a chair. a knife. a pencil.

a blackboard. What is this?
It is a desk. Is this a pencil?
Yes, it is a pencil. Is this a knife?
No, it is not a knife, it is a bag.

かくて次に Writing lesson として教師はABCDEを教へ其の音をも教へよといふことが書いてある。

ベルリッツ式か如何に盛に世界に於て用ゐられて居るかは同會社發行の書籍の版數を見れば明である。瑞典語、丁抹語、チェッヘン語、ポーレン語、露語、伊太利語が二十五版、英佛語が百版を越へてゐる。

第四　エナ學校式

こゝにエナ學校法といふのがあるが、之は餘程ベルリッツの方法に似てゐる様である。左にプレブナの報告を摘録するに止めやうと思ふ。

エナ學校式もベルリッツ式と同様に自國語を全く使用せないのである。其か為に大に上手な教師が之を用ゐても矢張時間の浪費されることは免れぬ。又生徒は單語や文章の意味について漠然とした觀念を持つといふこともある。然れども不斷に外國語を用ゐるために生徒はいやでも之を理解して、外國語を用ゐねばならぬから、自ら生徒の興味が増して来る。余はエナ市の夏期講習會でレーメンシック氏の教授を参観したから、其の様子を叙述せよう。

授業を受けた生徒は色々の國の大人であった。先づ教室の前面にはエナ市並に其附近の地圖がかけてある。教師は此地圖によって、短い文章でエナ市並に其の四圍のことを話して聞かしめ、生徒は教師の問に對する答として其の文を再演した。單語を塗板に書く時には常に、先ず發音をなして、後に書いた。其次にはエナ市の記事を各生徒に與へて、之を默讀させて、後に音讀をやらし、かくて其の紙をはなれて、教師が問ひ、又暗示する様にして、生徒をして口頭でエナ市の事を敍述せしめた。而して最後には教師は口頭で問ふて、生徒には筆答せしめ、かくて出來たものを生徒が音讀する。此時に批正をする。而して生徒は其を家で清書するのである。

次の日の授業は前回の續きで、教師は此間に生徒全体と共にエナ市の附近を散歩し、エナ市及其附近の説明をし、又エナ市の戰、エナ市に於けるシラー、鐘の歌、エルケーニッヒ、及エナ市に於けるルテール等についての授業と關係しても、散歩をやった。文法の教授は讀書教授と並行してやる。又以上の授業や讀書科等では生徒をして書中の色々の人物にならして話をせしめる。從って教授は中々活氣があった。又シラーの鐘の歌を教へる時には、教師は此詩について二三の説明をし、シラーの見た鑄鐘所やらシラーが其所で見たことやらを聞かし、又鑄造の手續を詳細に板上に圖解した。又シラーの此詩の着想については、ストラスブルグ、カセドラルの鐘の銘 voco, mortuos plango, fulgura frango からとった格言を引出して叙べ、次に此の總体のことを讀書教授として課し、又鐘の歌を抜粋したものを上手に教へ、其中に出てくる語の筋と直喩とは、各字義上、各の実際の意味から最も簡單に然かも具体的に説明した。尚發音教授に於ては發音の表を利用して、母音の口形を説明した。

第二十七節　華新派式

所謂華新派の方法は又「新方法」「分解的方法」及「模倣的方法」「直接法」「直観法」「自然法」と名けられる。而して之等種々の名稱は其方法の内容から出て來たものであるから、其の如何なるものであるかを推知することが困難でない。さて此の方法の起原は何時であるかといふのに普通には、ヴィエトル教授がQuousque Tandemといふ名で一八八二年我が明治一五年)Leipzigで出版した所の書物即「語學教授は革新を要す」Der Sprachunterricht muss umkehrenにあるとせられてある。勿論嚴密にいふとこの風潮はより以前からの教育上の諸原理に基いてゐるのである。ヴィエートル氏の書物は僅々三十八頁の小冊子であって其の論旨は

第一、語學の新歩に於て此迄の様に孤立した單語を注入する様なことをしてはよくない。長い文章は用ゐ得ないとしても文章を教へる様にせねばならぬ。

第二、從來の翻譯法をやめて、生徒をして教師の語る所を摸倣せし

め又考へしめねばならぬ。

第三、發音を教へるのには音韻學を根據としてよく秩序ある科學的の方法によるべきである。

第四、近世語を古語よりも前に教へねばならぬ。

の四点である。此迄にラテン語やギリシヤ語を重んじ、しかも近世語の教授に於て文法式や暗誦式や甚だしきは讀書式によってゐた當時の學界には実に驚くべき主張であったのである。かくフイエトル氏が旗を擧げてからキューンフランケ等は幾多の反抗を事ともせずに奮進して一八八四年即ち旗を擧げて僅々二年にして此方法は諸學校に認められる様になり、一八九〇年には普國内閣の教育部では此主義實行のために幾多の規定を出し、一八九二年には法令を以て其實行を促す様になったのである。かくて革新派の活動は止まぬのであるが、一八八二年から此語學教授法に関しての論文が甲論比較、ブライマン氏の調査によると一八九八年までに七〇八篇出たさうである。而して今日此の革新派の大將連は佛國のパッシイ氏、フィエートル氏である。

此方法の内容は前に推定し得る二三の名稱を示しておいた通りに、同時に自然的、分解的、直接的、直觀的、模倣的である。讀本科を全科の中心として、之を分解して會話、作文、文法の材料とし、而して教授の實際に當っては自國語を用ゐず、文法上の法則を持廻らずに外國語を使用し、生徒心中に現れる觀念、概念を直接に言ひ現はす様に力めしめ、かくて外國語其物で外國語を教へんとし、其がために模倣を重視し、生徒は教師の話したり讀む外國語を聽いて、出來るだけ精密に之を模倣して行くといふのである。

大体以上の如きものであるがこゝに之を表にして示して見やうと思ふ。

一、讀書科並語學教授の中心となすこと。

一、文法は之を歸納的に授けること。
一、全課程共外國語を可及的多く用ゐること。
一、課業毎に會話の練習を正式にやること。
一、教授を生徒日常生活と連絡さすこと。
一、初期の教授には実物繪画を用ゐること。
一、原文物を初期から大に多く授くること。
一、發音教授に殊に注意し、特に初期の教授に注意すること。
一、自國語を外國語に訳することは、可成的之を止める様にして、
自由作文を多く課すること。
一、外國語を自國語に訳することを、可成的減少すること。
さて以上革新派について敘述した所は專らブレブナーの「獨乙に於ける近世外國語教授法」といふ書物によつたのであるが、更に吾人は其の抽象的説明をよりよく了解せんがために同書にある實

例を引用することにする。

例はフランクフルトの模範中学校長マクス、ヴァルテル氏の授業である。之れは中学の授業で十四週間の学習の後の授業であるさうである。氏は教室に入りつゝ生徒に sit down といひ、生徒は We are sitting down. といつて、着席した。其後氏は何もいはないで教壇上の机に進んで数名の生徒を見渡した。時に生徒は次の様に云つた。

You are standing on the platform.
You are going to the desk.
You are sitting down.
You are taking your pen.
You are writing your name.

かくて一人の缺席者に関して英語で二三の問答をして後は又前の通り生徒が教師を形容した。

You are putting the pen on the table.
You are taking the blotting-paper.
You are putting the blotting-paper in the class-room.
You are rising up.
You are leaving your place.

次に一人の生徒を呼出して、戸口へ行くことを命じた。命ぜられた生徒は I am going to the door. と云って命令通りやる。他の生徒等の一部の者は其生徒に You are going to the door. といひ、他のものは其生徒を He is going to the door. といった。氏はよって

Open the door.
Shut the door.
Leave the room.
What have you done?
Go to your place.
You will go to the cupboard.
Go to the cupboard.
Open the cupboard.

等を述べた。この時に話しかけられた生徒と、其他の生徒の働方は前と同じ。氏は又更に他の生徒に、

Take this book and put it in the cupboard. といった。

併し其本を自分の手から放さなかったから、呼ばれた生徒は、

Please give me the book, といった。氏は更に次の問をかけた。

What are you going to do?

What are you doing now?

What have you just done?

之に対して該生徒が適當の答をした。他の生徒等は一部は其生徒に向ひ、其他は其生徒を指して其生徒のしかかつてゐた事、してゐたこと、してしまつた事について一々説明を與へた。

他の一人の生徒を呼出して、前述の方式で、種々の動作をやらした、其の終つてから二人の生徒が教室内を或は同一の歩調で、或は速度を
209
異にして歩み廻つた。茲に教師は他生徒等に向つて、You must first see it, and then speak about it. といひ、生徒等は呼出された二人の生徒の擧動に從つて、次の如く語つた。

You are walking more quickly than your friend.
You are not walking so quickly as your friend.
You are walking as quickly as your friend.

次に二人の生徒が命令に從つて、教師の前と後とに一人づゝ立つた。この時にも動作を言語で現はすことは、前例通である。かくて氏は全級に次の問を發した。

Who is standing in the middle?
Who is standing before me?
Who is standing behind me?

問呼出された生徒は身長が異つてゐたから、其二人を並て氏は次の問を出した。他の生徒等は答へた。

Schmidt is taller than Frank.

Fechner is not so tall as Schmidt.

この時にも亦人稱の使用が種々且つ適當に行はれた。

I am not so tall as Schmidt.
You are not so tall as Schmidt.
He is not so tall as Schmidt.
I am taller than my friends.
You are taller than my friends.
You are taller than your friends.
He is taller than his friends.

211 さて friend といふ語が用ゐられた序に、

A friend in need is a friend in deed.

といふ諺を引出し、其、また序に五六個の他の諺が繰返された。其の中の It is the work that crowns the day. といふ諺には work や crown といふ發音の困難な語があつたから、氏は之を丁寧に練習せしめ、且つフイエトル氏の發音分解圖で發音の順に音を書いて示した。生徒が發音を間違へた場合には、生徒も其の誤を口でいふことを禁じた。誤つた生徒は發音分解圖で其の誤つた發音を示し、其後更に新しい發音を示し、かくて正しい發音を十分注意して發音せしめるのである。又生徒が發音の相互批正をやるのも同一の式である。これは誤つた發音を用ゐるがために、耳に口に誤つた發音の印象を殘す恐があるからである。

諺の話のすんだ後は更に元の話に戻つて、二人の生徒の身長のことになり、今一人低い方の生徒と同長の生徒を呼出した。此等三人の生徒は次の談話をやつた。

1. I am taller than my friends.
2. { I am not so tall as my friend Schmidt.
I am as tall as my friend Smalty.
3. { I am as tall as my friend Fichner.
I am smaller than my friend Schmidt.

次は Work while you work, and play while you play. といふ、詩の反復誦で、氏は他の生徒に向ってよく聴いて誤を見出した時には各齣の終に之を指正せしめた。This といふ指示代名詞に誤があって、他の生徒等は氏の要求通り this, that と these — those とを各使用し

2/13

た文を作った。who と whom との疑問詞としての使方と、聯結詞としての使方も同様にやった。

前日の授業の時生徒は既に I remember, I remember the house

Where I was bornの二齣を習って居った。その二句は發音綴りと普通の綴りとで二枚の黒板に、一枚づゝ書き分けてあったが、今は二枚とも生徒等の眼の前に掛けてあった。氏は一生に發音綴の方を讀ましたが、其の生徒は正しく發音した。かくて氏は更に次の問を發した。

What do you remember?

In what house were you born?

When were you born?

この内で、最後の文章は澤山の生徒にかけたが、何れも其の生年月を話した。尚前述の讀方について、二三の問答をやり、其の内の窓の話については、教室の窓に掛圖の春の部にある窓の話をした。夫から又前の讀の事に戻って氏は、

What came peeping in at morn?

Did the sun ever come too soon?
と問ふた。所が生徒は、No, sir, he never came too soon. といひつゝ両手と足とを動かし、I am moving my limbs. といふ語を發音分解圖で綴り、又 I am moving my eyelids — that is called a wink. といひつゝ瞼を上下した。そして再び最初の問を反覆したが、今度は No, sir, came a wink too soon. と答へた。次に二三の不規則動詞練習をやり、通例の綴の方で書いた詩を讀んだ。それから一人の生徒に黒板を拭かせたが、その生徒は例の通り自分の動作について左の如く述べた。

I am standing up.
I am leaving my place.
I am going to the blackboard.

I am wiping the blackboard.

四人の生徒に命じて、其中の三人には Home evening bells といふ詩の一句を書かした。他の一人に掛圖中の「夏」の圖についての記事を書かした。其間に他の生徒等は Home evening bells を繰返してゐた。「英國兒童の家庭と國家とに對する愛情」を表はした他の詩を擧げさして生徒は反覆した。

God save the Queen.
Home, sweet home,
Our home is on the ocean.

Home, sweet home, を謡ったが、中々巧なものであった。これ等が反覆せられてゐる間に、他の生徒等は發音分解圖用ゐて相互に批正した。或時に th の音と s の音とが入り違いになったが、生徒一同は摩擦の清音から濁音への変化を練習した。恰も此所で用事のために呼びに来たので、氏は直に一人の生徒に鞭を渡し、掛圖について、全生徒に問答することを命じた所が其生徒は殆ど教師と思へる位滞なく、敏捷にやっていった。而して指名された生徒も手を挙げて之に答へた。氏が戻って来て暫時詩の聽方があり、後黒板の前に居る四人の生徒は各自が書いた所のものを讀んだ。一人が thread の綴を誤ったので他の生徒は皆 th の音を有ってゐる他の語を挙げさせられた。

新教授即ち I remember, I remember の詩の他の句の教授があった。氏は先づ之を讀んで、其讀んだ所について質問した。次に一人の生徒が其詩を反覆し、他の一人は発音や解圖で其音を指し、全生徒之を發音し、一方氏は黒板に發音文字で其れを書いた。sceneといふ語については種々の練習の要があり、eの音を有ってゐる他の語を擧げしめた。「Serpentine」といふ語について氏はロンドンの大きな地圖に向って冬は小供等が其所で何をなすかと質問して、其池の位置を地圖上で指示せしめ、アルバト公記念塔、アルバト館、及アルバト公等について簡單な話をした。次に氏が生徒に綴らせつゝ普通の綴で、前の音韻的綴方に添へて、同一の詩を書き、其中のmade、「weight」の語についてeiの音を持ってゐる他の語、及ghのサイレントの有る他の語を擧げしめた。かくて授業は、ハウスクネヒト氏の「英學生」の第九課の對話を役をきめて生徒に反覆さした。宿題として"remember" "remember"の詩の他の一句と、「英學生」の第九課の對とを書き寫し之を練習することを命じた。以上叙述した所で革新派の特徴は十分に明になって居ると思ふけれども、右の叙述は主として独國の状況を根拠としての説であるから、更に仏國の方面の調査によって革新派の傾向といふものを充分に明にしたいと思ふ。而してこゝに叙述する所は専らアーデル、エ、[illegible]氏の著によったのである。

さて革新の最初に於て、革新派の人は極端にまで至ったのである。即「自然法」「新法」むしろ母語式が文法式に反對して来ったのである。之等の式は文法の近づくことを拒んだ。文法式は教科書を依頼したけれども之等は教科書をあまり依頼しない。文法式は発音の練習を顧みなかったが、之等は発音の認識的研究から語学を始める。昔は文学上の作物を讀んだが、今は子守歌を歓迎する。前者は母語を媒介としたが、之等は全く之を排斥せようとしてゐる。

此法は子供が母語を学習する時にやる平易な方法であるから、子供には平易であり、興味があり又成功を期し得べきものであると叫ばれた。シュワイツェル教授は父母か母語を子供に教へる様にやれば子供は外國語を平易に覺えるものといつた。思ふに教師にして充分熱心であればこの方法は成功するに違ない。且之が成功は純粋の文典式の教授を受けなかつた者には坦々といくらしい。

併しシグワルト教授は自然法の缺点をあげた。「自然式は乳母の方法であつて、學校でやる方法でない。この方法は母が起床時から就床時まで、倦むことなく其の子供と話をし、又之を反覆することをやり、子供も亦之を　　くことを倦まぬ時に用ゐ得る方法である。この方法を學校に執り得るか否かは問題である。此法は母語式である。又「新式」である。けれども「自然」ではない。母が家庭でやれば「自然」である。けれども十二、十三才の子供をとらまへる學校に於ては不適當であり、器械的である。此法は記憶と摸倣に依賴する。併し學校では言語を教へ、又理性に訴へるのである。生活上では吾人は研究によって知識を得ず、実行によって得る。けれども學校ではする様に研究せねばならぬ。生活上に於ては研究は行為である。けれども學校では行為は研究を要ふのである。研究といふことをせずして、日々の生活をやりつゝ語學を學ばんとする自然法の行はるゝ所は、子供を人為的に教育する學校とは異なる。子供に自然法を以て教授せんとせば、吾人は彼を小児となし、無知となし、自由に返らしめねばならぬ。而して彼と共に四五年間も生活して遊戯等をやらねばならぬ。」

かくの如くにして純自然式は學校に用ゐるのには修正の要あるを知らしめた。此に於て此法はオーラル、デレクト、イジチュイチグとなった。此の方法では書物なしに、又書く練習なくて教へることをやらぬのである。

直接法の主点は、すべての時期に於て母語を用ゐることを禁ずるにある。この法は最初は全く音による。而して生徒が日常の語を復習した後にならぬと書いたものは教へぬのである。

所が直接法より一歩進んだものとして次に述べる式が起った。この方法は一八六三年にQuiring氏の時からあるので氏は曰った。

吾人の方法は之を自然法といふのである。この方法は家庭に於ては子供の教授に、又外国に於ては大人の教授に用ゐるものであって、文典を少くし、読方の練習を多くする。これは発音が外国語を習ふ中の最も困難なるものであるからである。又此法は黒板上の練習を重んずる。教科書は充分注意して之を作って、又之をよく説明せねばならぬ。

教科書から教師はすべての文法上の規則を帰納し得、又生徒は其書を学んで他の文章を作ることが出来る様に語詞を入れねばならぬ。逸話等を二三頁も研究したら、其の話を反復する。但し生徒は暗誦するのでない。生徒は話すのである。稍進んだ生徒になれば書物を讀む力に應じて長いのも短いのも、困難なのも容易なのも讀む。併し生徒は其等の内容を音で反覆せねばならぬ。此方法は記憶と心意とを練って實際の會話に導くのである。かくて文字でやる飜譯は生徒が語を譯出學び又文法上の主要な觀念を得たまではやらぬ。而して後生徒は唯大いに困難と感ずる式シンタクスのみを研究すべきである。文典の重要な部分の教授は充分に注意してやる。かくて後に作文に移る。而して作文の題目は生徒が教室で教師から聞いた讀本の材料から取るのである。

此の方法では自國語を必要の場合に用ゐて教へることを絶對に拒くことはない。けれども不便なきに至ったら直に止めることを誇ってゐる。仏飜譯も用ゐるけれども、後には之を作文に代へる。此の作文には全く外國語でやるのである。

然るに直接法では母國語を全く拒ける。初歩から止めるのである。つまり此式はブレブナの報告の内の革新派の諸特色としてあげたものを混用したものである。

第六章 本邦に於ける近世外國語教授法の歴史

本邦に於ける外國語の教授法並に學習法の歴史は之を大別すると、所謂變則時代と正則時代とになる。而して前者は維新前並に維新後明治三十年頃迄であつて、後者は其後今日に至るまでである。之を他の方面からいへば、前者は崎山元吉氏明治二十四年に「獨逸學捷經」及「英語教授書（明治二十六年）」、又三十年に外山博士が「英語教授法」並に「正則文部省英讀本」を發行せられた前であり後者は其後である。更にいへば前者は讀書時代であり、後者は文法式を始として種々の新式輸入時代である。大体は右の如き有様であるが今更に夫々について調べて見やう。

第一節 變則時代

變則時代の英語の教授法が讀書式であつたことは、前述の通であるが、此変則教育を受けられた人の實際談並に其に對する批評を見るは當時の状況を知るのに最も適當と思はれる。尾崎行雄氏は語っていはれてゐる。「変則と申せば先づ意味だけ解ればよいといふ主義で言葉の発音などにはトント頓着しなかったです。」中略「訳読はこんな塩梅にやるので、「新に彼等は、塔にまで、彼等を迎取りし、彼等は彼等をして家に行かしめし前に」と一々其字に指頭を當て漢書の素読を行る風に一種の読み声を張り挙げて口授するのでした」以て當時の様を知るべしである。併し此の変則教授法も時代の進むにつれて漸次訂正せられつゝあった様で、外山博士は、「明治ノ教育ニ於テハ英語ノ教授法ノ如キモ夙ニ大イニ面目ヲ改メタリ、外國ニ留学セシ者抔帰朝シテ教授ノ任ニ當ルコト増加スルニツレテ変則ハ次第ニ不評判トナリ正則法大イニ吹キスサムコトハ成レリキ」といって居られる。併しまだ其の正則風も充分でなかったので博士は更に、「然レドモ一方ニ於テハ國ニ正則主義ヲ唱フルトモ實際巧ニ正則的授業ヲナシテ生徒ニ根カヲモ附ケルコトヲ知ルノ教師少キト、他方ニ於テハ、幾分カ正則的ニ英語ニ通ズルトモ、直ニ英文ノ意味ヲ解スル力ニ至ッテハ甚ダ覚束ナキ教員多カリシ為メニ、反動ニテ正則主義ハ幾分カ不評判ニナリタリ」と稱し、且つ為に正則といふことも讀本の音讀をやる様になった位に止まるに至ったといふて居られる。尚又、博士の叙述によると當時の英語教授は音讀、會話は會話、文法は文法と夫々別の課目となってあり、之を受持つ教員も又別々であったのである。のみならずその教授法の如きも音讀の時には生徒が其の文の意味を了解してゐると否とに關せず、音讀だけを教へて行く、又會話といふと「袴を着けた様に」生徒も教師も改って教習する。教師の學力も亦音讀專門の譯專門といふ様な風であったのである。

第二節　正則時代

変則時代の教授が如何に変則であつたかは今述べた通りである。是に於て明治二十四年には嶋山氏が「独逸学捷径」又二十六年に「英語教授書」を著して、正則教授を主張し、三十年八月には外山博士が「正則文部省英読本」及「英語教授法」を公にして、英語教授法革新の旗を上げたのである。今嶋山氏が「独逸学捷径」に序する所を見るのに、「独逸人ノ佛語英語ヲ学ビ佛人ノ独逸語英語ヲ修メ英人ノ独逸語佛語ヲ学ブニ其ハ其各国ノ小学校若クハ中学校ニ用フル読本ヲ採リ教科書ト為シ直ニ教授スルハ絶テ見サル所ナク（中略）然ルニ我邦人ノ外国語ヲ学ブヲ見ルニ既ニ已ニ日用語ニ通シ只文字ノミヲ知ラサル児童ニ対スルカノ如ク其外国ノ小学校用読本ヲ以テ初学者ニ修読セシムルハ恰モ外国ノ児童ニ日本小学校ノ読本ヲ習読セシムルト何ソ異ナランヤ 情況夫レ此ノ如キ是ヲ以テ外国語ヲ学習スルノ要旨ヲ得タリト云フヲ得ベキカ」とかくて氏は、現今の斎藤氏のレッスン式の書を作つて其の意見を具体的にした。此本は二十四年に出版になつたのであるが、三十一年に四版を發行して居る。又「英語教授書」は二十六年の發行であつて、三十一年には七版を公にしてゐる。

かくの如く語學教授の革新の声が擧げられて居る所に向つて、明治三十年には外山博士が更に大いに革新を叫んだのである。博士の宣言も聞くの要があると思ふから、こゝに引用したいと思ふ。

「歐米ニテ外國語ヲ學ブハオルレンドルフ、ファスケル、コンタンソー、ナフテル、プレンダーガスト、ドレイスプリンガー等ノ如キ者ニ依ルコトハ前述ノ如クナルガ、就中オルレンドルフノ如キハ此種ノ教案ノ祖先トモ稱スベキ者ニテ、同氏ノ名ヲ冠スル語學教課ノ行ハルルコトハ今日ニ於テモ尚ヲ著シキコトナルガ、同氏及同氏一味ノ者ノ教課書ハ演繹的ノ性質少ナカラザル然已ナラズ亦頗ル完全ヲ旨トシ、文法上ノ規則ヨリ取除ニ至ルマデ悉ク之ヲ網羅セントスルノ趣向ニシテ、而カモ各教課ノ分量甚ダ多量ナルカ故ニ稍々成長シタル生徒ヲシテ、意志ヲ働カシメテ、外國語ヲ練習セシムル為メニハ頗ル都合ヨキ者デ速成ノ功ヲ奏スル効能アランガ、尚ホ年少ノ生徒ヲシテ、外國語ヲ學バシメン為ノ方法トシテハ、未ダ最良ノモノトイフベカラズ

年少ノ生徒ニハ專ラ耳ト眼ト口トニ依テ自然ニ學バシメザルベカラズ。而シテ此ノ目的ノタメニハ、プレンダーガスト氏及トレイスプリンゲ氏ノ方法コソ、却テ優リタル者ト云フベケレ二氏ノ方法ハ簡單ナル句文ヲ、生徒ヲシテ繰リ返ヘシ聽カシメ云ハシムルノ方法ナリ、去リ乍ラ二氏ノ方法ニハ互ニ異同アリ、其ノイヅレヲ採ルベキカトイヘバ余ハ斷然ドレイスプリンゲ氏ノ方ニヨルト云ハン、氏ノ教案ハ語ニ於ル教授法ノ最モ新シキモノナリ其ノ訓練法ノ如キハ頗ル整然タリ、文部省正則英語讀本ノ如キハ大体ニ於テハドレイスプリンゲ氏ノ獨乙語教課書ノ方法ニ依レル者ナリ然レトモ英米ノ兒童ノ獨乙語ヲ學ブト我國ノ兒童ノ英語ヲ學ブトハ其ノ難易雲泥ノ相違ナルガ故ニ氏ノ方法ヲ本

邦兒童ノ英語讀本ニ應用スルニアタリテハ變化ヲ加ヘルコト頗ル多シ、文本邦人ニトリテ英語ニ於ケル特別ノ難点ニ注意シタルコト及ビ文法上ノコトヲ次第ニ學ビ得シムル仕組ノ如キハ正則讀本ノ特色トスル所ナリ」

固より今日から見れば多少の批難なら免れぬ、けれども氏等の意見は當時の語学界には晴天の霹靂であつた。我語学界は爲に其の風向を一変したのである。而してこの頃三十二年四月に内村鑑三氏は「外國語之研究」といふ小冊子を出版して居られる。併し斯書には別に記するに足る程のことはない。かくて三十三年十月には夏目金之助氏英語研究に英國に留學し歸朝後には、氏の英語讀本を著し三十三年十月には神田及武氏英語教授法研究として英國に留學し、三十四年二月には八杉氏がスウヰートの「實用語學」を譯補して出版し、三十五年三月には岡田みつ氏英語及英語教授法研究の爲め留學し、三十五年四月には岡倉由三郎氏英語及語學教授法研究のため留學同時に茨木清二郎氏英語學研究に留學。三十八年十二月には神田讀本が出版せられ、三十六年四月には平田喜一氏英語學及英語教授研究のため留學、翌々年四月には永野教授英語及英語教授法研究のため留學、三十六年十二月粟野健次郎氏英語學研究に留學、三十七年一月、杉森教授英語學研究のため留學、三十八年岡倉教授は「本邦の中等教育に於ける外國語教授についての管見」を公にし、又「最新外國語教授法」を出して、Brebner "The Method of Teaching Modern Languages in Germany" を紹介し、かくて外國語教授についての研究は盛況を呈して來て、遂に三十九年には The English Teachers' Magazine といふ英語教授法専門の雑誌が發行せらるゝに至った。又四十年八月には、文部省夏期講習會（廣島高師にて）が開かれ四十一年八月にも、文部省夏期講習會（東京高師）が開かれた。而して一方では四十一年九月には文部省内英語教授法調査會の調査報告が出ることゝなつた。又海外留學生も年々派遣されるし、文部省の講習會も年々行はれるし、英語教授法の議論は中々賑はしくなつてきて甲論乙駁の盛況は實に空前の慶現象である。

第七章　英語科の教材教授法並に其他

第一節　語詞（ヴォカブラリー）

第一項　教材—語詞の數

近世外國語研究の目的は前述の如くであるが、此の目的によつて普通の英語、乃ち普通の佛語を研究する時には、幾何の語詞を收得すれば、大体用を便ずることが出来るであらうか、初学者は日常の語詞の用法を知ればよいので、俳句等は詩歌上の語詞、又は比較的に高尚な語詞は之を顧るの要がない。其の普通の語とは如何なる語詞であるか。其数は幾何であるか等につきて具体的の事を知る要がある。今吾人は此問題についての具体的の意見を調べて見やうと思ふ。

スヰート氏曰く「実用的外國語学習者の語詞の數は大なるを要しない。大いに進んだ後でも三千語以上は必要でない。」マクスミユラー氏の研究によると、無教育の英國人の語詞の數が三百であり、普通の教育ある人間は三千乃至四千語であり、舊約聖書に五千六百四十二語、ミルトンの全集に八千語、シェークスピアが五千語英語の總數が五万語であるさうである。カーライルの如きも九千語を出てゐない。然かもシェークスピヤの一万五千語中で其の三分の一は全く陳腐であって、漸く辞書の中に存在するといふに過ぎず、更に三分の一は日常決して用ゐられないもの、由である。故にシェークスピーヤの詩の中で今日用ゐられるものは五千語位よりないのである。

ブレアル曰く、「語詞には二つの種類がある。一は吾人が日常用ゐる方で、他は書物等で見る方である。普通の教育ある英人は、記者や公開の演説者でない人は五千語位用ゐるけれども、知ってゐることは一万、乃至一万五千以上である。新式教授法の主張者の或者の如きは用ゐる方の数のみを考へて他の方の知ってゐる方を考へぬのは誤ってゐる」と。フランク氏は普通の教育を受けた人間の會話に使用する語詞の数は最大が千二百語であるといひ、二千語をさへ充分に選擇すれば日常生活のすべてのことを發表し得ると信じてゐる。更に又外國の讀本で大概小學校から中學校の初年級迄位に用ゐるものでは二千語内外であって二千七百以上のものは極めて少いのである。又我國の小學校の漢字數を制限した時の漢字の數が一千百八十五字であつた。之等諸種の研究の結果によると、普通の語詞の數は二千及至三千で充分である。吾人は未だ具体的に之等二千及至三千の語詞の表を示すに至らぬのを憾むのである。

第二項　語詞の教授法につきての諸家の説

苟も語學の經驗のある者又言語教授の經驗のある者は如何にして語詞を記憶し、如何にして語詞を教授するかといふことに想到せざる者はない。而して古來之のためには種々の案が提出せられ、種々の意見が實行せられてゐる。故に吾人は茲に其中の著しきものを叙述せようと思ふ。

(一)アンセロットの方法

アンセロットは前述の如く語詞記憶術を發見して九綴の韻文を作って其の中にギリシャ語のすべての語根を包含せしめ、又佛語の表示する入れた其の韻文の一は左の如きものである。

"Ce (grace) fait une, prive, augmente, admire;
Augure (ango) j'exhale et j'expire."

今之について考へるのに固より之でやれば、各行のリズムは韻文の文學上の研究を容易にするけれども、此方法は未だ極めて不完全である。何となれば、第一に或る語の如きは極めて稀に使用せられるものであって、到底之を學ぶの値なきものである。第二に、語根と其のシグニフィケーションとを結合する連鎖が無いこと、而して意味を收得するのは全くの暗誦と反覆によるのである。固より少年の把束力が活潑であり鋭敏であるために多數の材料を收得することができるけれども一語についての知識と之を正しく用ゐるの能力とは全く別のことがある。又實際に於て生徒は譯の練習に於て特別の語に出會した時に時々記憶した標本を回想することのできぬことがあるのである。かくの如く缺点はあるにしても此方法を案出したといふことに對しては吾人は大に尊敬を拂はねばならぬ。

(二) モアグノの方法

237 モアグノ Abbé Moigno 氏はランセロットのよりも一層巧にして且容易なる暗記法を發明した。氏は誤文を作つたのでなくして型式（フォームミュラ）を作つて外國語の語根と其の飜譯とを連想し得る様にした。かくの如く一方に於てランセロット氏が其の誤文のリヅムによつてのみ記憶を助けやうとしたのに對し、他方にはモアゲノ氏は發音外國語の語根に近似せる仏語を、外國語の意味と結合した所の観念によつて記憶を助けんとした。ラテン語の abies（sapin）独乙語の Baum（arbre）Mond（lune）Sonne（soleil）を記憶するのに氏は下の如き句を使用したのである。

Abies, sapine; a. bien d'aucuns passent leur vie jusqu'au sapin

Baum, arbre; le baume est le suc d'un arbre.

Mond, lune; monde habitée est la lune.

Sonne, soleil; sonnez, cloches c'est midi au soleil.

この方法はランセロット氏のよりも進歩したこと勿論である。此型式は多少語根を暗示する所の外國語のシグニフィケーションに附いて居る意味を持つてゐる。或る一定の語源上又は發音上から仏語と類似してゐる語根の如きにはかくの如き方法は不必要である。故に paternal, fraternal から変化して来たもの及 père, frère, paternité, fraternité 等の語根は其自身で pater, frater, père, frère, frère 等の把束に役立つのである。Gouin は彼の自分の方法を用ゐて一国語づゝ練習して行つて、暫時の間に遂にヘブリュー語を始として十二ヶ國の語に通ずるに至つたのである。思ふに Gouin の工夫は巧であるけれども缺点もある。第一かくの如き型式を構造するのが極めて困難である。氏はラテン語と獨語以外の語については著者自身に役立つた型式を發行することをせなかつた。且前にもいへる如く所謂の型式中の一語の意味をさとることと其語を小作文文に飜譯の時の必要に應じて回想することとは全く別のことである。

吾人は語の生の材料を記憶の内に貯へただけでは充分でない。吾人は書籍の中に又他人の談話の中に出會した時に其の語を回想することができることを要する。而して此材料は吾人が談話し作文する時に自由に使用する位に親熟する要がある。然らずんば其等の材料は無用の長物である。

(三) フランクの方法

フランク氏は他の方法で之等の困難を打破せんと試みた。氏は曰く、充分根據ある計算によれば普通の教育を受けた人間の會話に使用する語詞の數は最大が千二百語であると。氏は一千語を充分に譯すれば日常生活のすべてのことを發表するのに充分であると信じて居る。氏の方法は、(一)二千二百語の選譯、(二)之等を生徒が直に使用し得る様に意味の上から分類することを(三)生徒が自己の心中に系統的に分類せられるに従って、其等の語を使用することを初歩から練習する様に練習の体系を作ること。此三者から成立して居る。今左に pain (bread) といふ語に關係して居る、フランク氏の語集から標本を出して見よう。

Boulangerie; boulanger; farine, pâte; four (faire cuire)
Pâtés; croûte; mie, miettes; morceaux, miche, qualités; blanc, ordinaire, noir; cuit, frais, rassis dur (manger)

一つの學期でフランク氏の全体の語詞を學習するのに之れ丈である。下の口頭の練習を行ふ。(一)各シリースを教師及生徒が音讀する。(二)適當なるデターミナナブ形容詞を頭に加へる。例へば

le pain, monpain, trois pains, la mie, cette croûte の如きである。㈢シリースの形容詞を名詞に付ける。例へば le pain frais, la mie blanche の如し又アッコードの主なる規則を進化するのに機會を與へる。㈣第一年の動詞練習は記述文の三個の文章に限ってゐる。

Aujourd'hui je mange du pain frais, tu manges, etc.; demain je mangerai du pain blanc, tu etc.; hier j'ai mangé du pain rassis, tu as mangé, etc.

㈤動作は四個の普通の形で現す。即 肯定、否定疑問、否定疑問である。 je mange la pain; tu n'as pas fait cuire la farine avez-vous mangé la mie?; n'avon-nous pas mangé les miettes?

如上の準備的研究の後に二年又其以上の生徒は動詞の他のテンスを學習しかくて必要の語詞と文典を或程度迄學習して學力を完全にするのである、

(四) ブレアルの方法

ブレアル曰く外國書を讀んで生徒の多少無秩序に収得する語集の外に、生徒の語集を秩序的に増加することを考へねばならぬ。之をなすには教師は意味又は形の上で連絡ある語の小團について之等を短文に綴り込んで示したり、又は繪畫によつて示すやうにするがよい。即第一日には father, mother, child, son, daughter 等の語を教へ、次の日には house, room, garden, staircase — sun, moon, star, cloud, thunder, lightning — the sun sets, the cloud covers the moon, the thunder roars, the lightning flashes. 等を教へ、又必要な語句を面白い短い會話文や物語に作ってやることは語集の増加によい。例へば

a walk in the country, a thunderstorm at sea, a cycling accident in the street, a visit of our uncle from Berlin to Paris. 等の題目は生徒の語詞を増すのに有用なる材料である。

又一つの方法は語形上からの類似から増すことである。例へば

sitzen, setzen, Sitzung, Satzung, Sitz, Satz (Aufsatz, Einsatz, Vorsatz, Absatz), Aufsitzen, absitzen, nachsitzen, einsetzen, absetzen, vorsetzen, versetzen, besetzen, übersetzen, Besitzung, Besatzung, Besetzung, Versetzung; steigen, Steig (Bahnsteig, Steigbügel), Stieg (Aufstieg, Abstieg), Steg ein—, aus—, um—steigen etc. の如きである。併しこれを何所

までやるかといふことが問題である。けれども前から研究しておいたならば決して過多に授けることの危険は起って来ない。

第三の方法としてはエチモロヂーの上の比較からである。併し之は熟練有為の教師が高級の生徒に限って行ふべきものであらう。吾人は此三者の中の一つに限るといふことをいふのではないけれども第一の方法は余程歓奨すべきものと思ふ。

（五）其他の意見

バセドウはビスケットで文字の形を作って、之を記憶したものは食ってよいといふ方法で児童に語の記憶をなさしめやうとし、ロックは二十四五面体の各面に文字を書いて、之を弄ぶ内に自ら文字、語詞を記憶せしめんとした等のことは前に既に述べた所である。

ブレトン曰く、「語詞の増加は、發音、文法と等しく重要である。この三者を收得しないものは言語を收得したとは言へぬ。語詞増加の方法としては、孤立語の教授の拙なるはいはずもがな、孤立的の句を用ゐるのもよくない。其故に遊表は小話類を用ゐる。自答式もよい。繪畫によるのもよい。又よく作つた對話によるのもよい。言語の形上の類似により、又進んだ所ではエチモロヂー上の關係を顧るがよい」とある。

マーセル氏曰く、「若し吾人が自然の示す所に從ふとすれば、吾人は語詞より句に進むよりも、句から語詞に行くべきである。何となれば孤立の語詞は何等吾人の知性に認める所がないからである。故に語詞の教授は之を孤別的にやつてはよくない。口頭又は筆記の論説に於て之を行ひ、觀念連合の助によつて語詞の意味を把束し又心的連鎖を供給する様にやるべきである」と云ふ。

グアン氏は其の著に於て子供の自國語を覚えるのには、孤立した單語よりも、句とか文とかなつたものゝ方を覚えやすい様であるから、成人の教授にも之に則つて行くべきであるといつてゐる。之は尤な考であつて吾人の經驗も亦此の事の真理なることを示してゐる。

又エスペルゼン氏はいつてゐる。「語学上の困難は新語を過多に用ゐるに因ることがある。若しさうとすれば吾人は出來るだけ新語の數を少くすることが必要である。あまり必要もない新語を選んで出すことは無益である。併し讀書する間に比較的長い間を置いて、時々出現して來る、新語は他の新語に先だちて記憶せられるものである。即ち之等の中間に插入せられてある文章は時に播布せられるとする種子に向つて泥土を肥すものである。十乃至十二三の新語は若し之を五百文の間に散布するときは、其が十行の文中に插入せられるよりも一層容易に、且一層十分に學習せられるのである。而してまた多數日常の語の復現再出から得る所の利益も亦伴ふのである。故にその五頁を讀むものは、彼が十行を讀んで得る所に勝るのである。又外國語に親密になる機會を多くし、かくて長篇を讀む爲に費した一見浪費の如き長時間は實際に於て極めて有益に用ゐられたるものとなつてくる。」

シユハート氏曰く、

近來の語學の教師は以前よりも一層甚だしく語詞を多く教へようとして來た。併し生徒を話し得るに至らしめるには、他にもつと或物が必要である。何となれば多數の語を覺えても、一つの觀念をも發表することが難く、又一つの簡單なる願望を發表し得ず、又一つの自箇の文を作ることも出來ぬことがあるからである。故に吾人は最初からフレースを教へねばならぬ。

第三項　教材の排列

以上吾人は語詞教授の方法につきての諸家の研究の結果を提示したが、吾人も之から聊か之について論ずる所あらんとする。

先ず論ずべきは教材の排列である。一千乃至二千の語詞は如何なる順序によつて、之を生徒に提出すべきであらうか。之を実用の上よりいへば最も実用的なるものを先にして、比較的實用の度低きものを後にすべく、之を教授上より論ずれば、発音上、綴字上、生徒に比較的容易なるものを先にして、複雑のものを後にすべく、之が語詞の内容より論ずれば、具体的のものより抽象的のものに移るべきであらう。

249

然れども之等の諸点は各々特別の研究を要求してゐるのであるにかゝはらず、右の如き空漠なる法則は未だ別大に利するあるに至らぬのである。故に語詞提示の順序はむしろ之を発音、綴字其他の方一面の研究を終へたるの後に於て決定するを至當となすのである。併し大体の議論として右述べる所は決して誤でない。但其簡易と称し、繁雑と称する、其の実質は如何なるものなるかが茲に決定し難い問題である。

第四項　教法

吾人は前に諸家研究の結果を示して、語詞教法上の暗示を得た。然も吾人は心理上の過程を見るに、吾人の把住を確固たらしめるには唯一の感覚機関によりて印象を受領するよりも、数多の感覚機関による方がよい。又一事物を孤立的に記憶せんとするは難く、之を他の事物と結合して記憶せんとするが易い。又反覆の度重なるに従って記憶は固くなり、反覆も又之を一時に多くなさんよりも、一定の時間を隔てゝ行ふが記憶のためによい。即一語を記憶せんには之を眼、耳、口、手の諸感覚に訴ふるが其の一に訴へるよりもよい。又唯一語づゝ何等の連合もなしに教へるのは他の語と連合さしたのがよい。例へばテーブルをインキと連合さし、又黒と白と連合さし、原因を示すものと結果を現はすものと連合さすが如くである。又一度に同一の語を十回反唱するよりも、一回宛を二三時間の間をおいてやった方がよい。かく論じて来れば前述せる諸家の意見は皆夫々心理上の法則に合したるものであって、有力なる方法たることは勿論である。

さて以上の様な方法に依らないで、一語一語づゝ記憶する場合には辞書と親密になること、辞書一度索いた文字には記号を付して置いて後に再び索いた時の反省に供すること、新しい語は別に単語記入帳を作って、若し訳を付するとすれば訳は紙の裏に書いておいて想起するの便に供し、或はカードを作って此の帳に代用するがよい。或る人は右の如きカードを常に持って居ってステーション等で待つ時間、又は授業と授業の間の休憩時に復習する様にして居るといった。しかしこれは吾人の經驗よりも有効なる方法である。又教室で新語を提示した場合にはよく室内で生徒の頭に入れてしまう覚悟で教へねばならぬ。少くとも一旦は教室内で生徒に覚へしめる必要があると思ふ。然かせないと生徒は家に帰ってから新しく覚えねばならぬことになり極めて不經濟なことになる。

第二節 發音

ポートロヤリストは發音教授につきて頭を悩まして綴字と發音の不一致より各文字の發音は音通りに教へるがよいと主張し。又母音とディフソングのみを發音すべく生徒に教授するがよいといつた。併し發音といふことが真に語學上重要の地位を占めるに至つたのはフィエートル氏が革新の旗をあげてからである。けだし革新以前に於ける教授は主として文法と作文と譯解と即眼と手の練習に重きを置いたのであつて、耳及口舌の練習にはあまり多くの注意を拂はなかつたからである。我國に於ける外國語教授に於て發音がやかましくなつてきたのは極めて近く実に二十年この方の事である。これは適当なる語学の教師の缺点から来てゐたので実に遺憾であるが、止むを得ぬ、抑も近世外國語研究の目的は前に叙述したのであるが、其の所謂実質的目的と称したものが真理であるとすれば、發音の語学の上に如何に重要なる地位を占むべきであるかは明である。今仮に音讀し得るとするも其音讀にして毫も他人に了解せられないとすれば如何実質的方面の目的を以て達せられたりと称することを得るだらうか。昔の洋学者は音讀も談話もするけれども少しも他人に了解せられないが如きことが往々あつたのである。

第一項 教材――發音の標準

◎發音教授に於ける先決問題は、如何なる發音を以て正しき、發音といひ標準の發音とするかといふ問題である。

けだし言語の發音は人々に於ても各異なるものであって絶対的に同一といふことは得難いからである。同じ英語であっても、英國人と米國人と異なり、同じ英國人間でもロンドンの人と田舎の人とは異なる。同じロンドン人でも教育のある人と無い人と異なり、同じ教育のある人でも個人性によって同じくない。

○「抑も各國語の文学上の用語は其國の首府の言語となつてゐる。日本の文学は東京語で書かれる。英國の文学皆然りである。が今実用的の方面から考へて見ても首府の言語が優勢を占めるので、これけだし首府の通用語の使用者が數が多くあるといふことと、外國人は先づ首府に集って漸次地方に弘て行くといふ事実による。欧州に於て独國は國家の中心点といふやうな事に於て英國佛國の如くでない。然るに教育のある人は地方語であつて然かも最善の独語であるといはれる独語よりも、ベルリン語を多く学習するのである。」以上はスヰート氏の意見を紹介したのであるが、即ち氏はロンドン語を以て標準音とすべしといふ意見である。又リツプマン氏も教育あるロンドン人の言語を標準とし、ロンドン音を以て標準とするとすれば、吾人英語の學習に於ても之を以て標準とするが至当であらう。然るに或論者は日本人は日本人流の發音でよいといひ、又字引に出て居る通りに發音すればロンドン音による必要がない等といつて居る。併しながら日本人間にのみ了解されぬ發音とか、ロンドン人に了解されぬ字引通の發音を学習して、近世語教授の目的に合するであらうか。我國の語学教授の發音が字引に頼り過ぎ、邦人は文字通りに發音し過ることは一度海外に赴いたものの皆へる所であつて、或人はノートペイパーを買ふのに大に困ったといふ話もある故に吾人はロンドン語を以て發音教授の標準とせうと思ふ。

第二項　教材の排列

⑩發音の標準は前述のものを採るとして、之を提示の順序は如何であるか、吾人は先づ音のみを教授するか、綴音は如何にするか、之と共に音を教授すべきか、其語は日本訛せるものから取るべきか、等の問題の解決を試みんとする。

發音の標準は何であるか、何が「最善の英語」であるかとの問題は屢々提供されるものであるが之に對しての答は種々あるが、吾人の説は下の如くである。一体英國に於ては首府が長い間生活上並に文字の學問上に於て優秀の勢力を持つて来たのである。吾人は爲にロンドン語をもつて標準とすることを肯定するのである。勿論ロンドン語といふといへども、所謂コクネー・スピーチではないので、教育あるロンドン人の言語をいふのである。

曾て發行せられた文部省の讀本では單語を示して其單語の構成音を分解して敎へて行くやうの方式であるが、かくするのがよいか、又音のみを單獨に敎へるがよいか前者によると直に意味のある語に接するのであるから生徒が學問に興味をもつて来ることは確實である。併しかゝる方法はどうしても難易の排列が理論的にゆかぬ恐がある、是發音は語として結合して直に發音せられる様に傾くからして自ら正確を期し難い様に思はる。未だ各音の確固たる発音上の習慣がついて来ない内に既して他音との結合が起って来る様なことはないか、而して其結合のため発音は正確に失はないが、これ吾人の心配する所である。之に反して後者にならと全く音のみを単独に教へて行くのであるから、蝋を噛むが如き無味はある。けれども前者の如き缺点はこれを妨ぐことができると思ふ、而して二つ興味の二とも吾人の経験ではさ程心配することは要らぬと思ふ。

◎他の方場から発音教授には一体二つの方法がある

259

其は一は綴字紙（spelling method）で他は発音（Mimicking Method）といふのである。前者は古く日本で盛に行はれたもので、ieは を教へるのに所謂ピーイーエン、ペンとやる式である。この方法は米國では今でも行はれてゐる様であるが獨乙ではもう用ゐてゐない。我國でも恐らくあまり用ゐる人はあるまいが、この方法は先づアルファベットが称音（Name）（[illegible]）を教へて前式の如き式にやるので如何にしてピー、イー、エン、から ペンといふ音がでて来るから頗る學習には困難なのである。否むしろ可笑しいのである。此故にポートやーヤリストは此方法の改良意見を提出したのである。之に反して発音法ではえとさの称音は先づ教へずして其の音即ブ、エ、タだけを教へて而して之を一讀きにいはせる様にするのである。此法によれば而して之を一續きにいはせる様にするのである。此法によればペンなる音のでてくる理由は明である。即学習者は発音の由来を得心し得るのである。

◎さて自國語の音と接近して居る音から教授すべきか又接遠の度の小なるものより教授すべきか。

●或教師は生徒の本國語の発音を以て殆ど或は全く同様に発音し得る語詞によりて発音教授をはじめんと試んだ。此法は生徒をして本國語と外國語との間の類似を過大視せしむるに至るのみならず、尚又最重大なる關係を將来の進歩に有する初学の時代に於て生徒を怠慢に導くの恐がある。思ふに外國語学習者は学習の最初より外國語学習てふ明確の観念を有たしめねばならぬ。且又学者は外國語の発音は努力して初めて能くするを得るのであると覚悟せねばならぬ。併し困難なる発音を餘に數多く又は困難なる発音につぐに困難なる発音を以てしてはならぬ。吾人は單綴の語より始むるを最もよいと信ずる。されども徹頭徹尾之によ

この必要もない。困まり吾人は発音上困難なるの故に他に幾多良好なる点を有する
且吾人の所謂発音の困難ふる言語とはかの文字の変体のために困難なる如く見ゆるが如 ものでなく実際発音の困難なるものをいふのである。

◎曽て発行せられた文部省の小学校の英語読本にはペンといふ日本訳せる外国語をとって其音を矯正しつゝ進まんと試んで居る。併しこの議論は一概にはいへぬと思ふ。何となれば両音の親近の度によるからである。若し両音の親近が極めて切であるとすれば其音から教へることは極めて便利であつてあまり之を後廻しにする必要もあるまい。けれども親近の度のあまり切ならざるものを無理にひきつけて行かふとするのはよくない。又なるべく遠いものから先にするのがよいとい

ふのも場合によるので、或るより少く遠い音を教へた後なら、其よりも遠い音から極めて容易に教へられるといふ様な場合にまでも、其の遠い方から教へる方がよいとはいへぬと思ふ。其故にこれは一々について精察した上でやる必要がある。而して吾人は大体としては親近でない音から教へることを主張し、ことに日本訛した音から教へることは大に反対である。何となれば自國語に近い音から教へると、どうしても自國語の音の方に引き付けられる傾向がある、ことに日本訛した音の如きは日本語といふべきものであつて、音は勿論の事アクセント等も変して居る語のことであるから、之を正しい音にして行きつゝ進むといふことは非常に困難である。夫よりもかゝることのない相違の明であるものを全く新しく教へた方が楽である。之は吾人の経験からの論である。単一の音の日本訛したのを直すの困難といふことは、一寸注

意せずと出会するのを知らずに居るけれども、一或語の音の綴
正が困難であることは、吾人が日常談話中に用ゐる外國
語の発音が正しくなってあるか、否かも考へればよい。

之次

◎茲に吾人は音其物の性質上からどんな音から教へかけたら
よいか、どんな音を先にし、どんな音を後にするのがよいかとい
ふ問題を研究せう、即ち子音から教へて母音に及ぶか、母音
から子音に及ぶか、又其子音、及母音の中でもどれを前にしてど
れを後にするがよいか、等といふ問題である。其で此等の問題で
ある。其で之等の問題については人々其の意見が異って居るの
で第一の子音を前にすべきか、母音を前にすべきかといふことにつ
いても人々異って居る例へば古く神田氏の読本は a e i o u
なる母音から始めて p b m t d n s z r v l k c g j
sh ch w wh と進み而して ai ei

ǒ ŭ という音を採ける様にしてある近く熊本氏の讀本には ā m
p b n t d ĕ s ĭ ŏ ŭ nk ng c x ā ō ī r l f v
h ee w sw tw gu y c k ce ck g j ge dge sh
ch tch wh th ts ds という順序に排列してある然
も岡倉氏の女子用グローブリーダーには讀方の準備課として
発音に p-e-n, p-i-n, t-e-n, m-e-n, n-e-t, g-u-n
s-u-n, h-u-t, d-o-g, h-o-t, p-o-t, sh-i-p.
f-i-sh, d-i-sh, k-i-ng, r-i-ng, w-i-ng, l-i-
p-e-ck, k-i-ck, f-o-x, b-o-x, v-e-x, b-u-n-
b-e-n-ch, j-u-m-p, wh-i-ch, th-i-n, th-i-c
th-i-s, th-a-t, b-u-zz, qu-i-ck, y-e-s 等
をあげ次にアルハベット順に ī ĕ ă ŭ ŏ ee ea ā(-e
āi āy ur, ī(-e) ōō ou ow oi oy ôr

아 야 어(여) 오 요 우 유 으 이の順序で其々列べてある又古く井上氏の読本では 아 야 어 여 오 요 우 유 으 이といふ風にして母音を皆あげ次に子音をの 가 개 ㄱ ㄴ ㄷ に 나 다 の順序に列べしてある之等を見ると各読本の著者は皆夫々の考へによつて其前後を定めて居られるのである。前出の諸例は母音を前にするのが多い様であるけれども理論として又実際として子音を前にすべしと論じ又前に教授して居る人もある。共に一利一害であるを免れぬ。母音を前に教へると子音を教へるばあいに其子音に母音が附随して来て困ることが多いし子音を前にすると日本人の如き母音を伴随せしめる語に馴れて居るものには発音がしにくい様にもあるし、一寸何れがよいか決しかねる、併し吾人の経験に於ては母音を前にして子音を後にす

る方に賛成する。然らばどの母音を前にしてどの母音を後にするか、又どの子音を前にしてどの子音を後にするかを研究せねばならぬ。吾人は大体左の順序でやるがよいと信じてゐる。

（一）母音

ɑː iː uː eː o

ɑ i u e o ɔ ɔː æ ə ʌ

ai au ɔi ju

（二）子音

p b t d k g

m n ŋ

l r

w m

f v θ ð

s z ʃ ʒ

j h

以上吾人は発音提示の順序について論じ来つたが、其は主として単独の音といふことにあつた。教授上の問題としては、其の他に一語となつての発音の教授、一文となつての発音の教授を如何にするかといふ問題がある。併し茲に教材排列として論ずべきは 孤独の発音、語の発音、文の発音の前後の問題である。之につきての吾人の意見は既に述べたる所によつて暗示せられてあるが、吾人は孤独の発音から語の發音文の発音、換言すれば單独の発音から、漸次結合音の教授に至るべしといふのである。蓋し結合音の発音は單独の発音の出来る様になつてゐるからの後にあらずんば到底好果を収め得ぬからである。

第三項　教法

吾人は発音の教授の最初としては音のみを教へるべきである。即発音式によるべきであることを説いたが今少しく其教授の実際を叙述せうと思ふ。

抑も音の教授は耳と口で覚へさすのが先づ第一で其が補助として眼、手、及其他の教具を用ゐる。さて此の音の教授に色々の方法があるであらう。例へば教師が範唱して之を生徒にきかしめ生徒にでできるだけ精細に模倣せしめるばかりのもあらう。又口形舌形其他発音機官の用法を或は絵画或は模型等を用ゐて精密に説きいはゞ原理から示して其によって発音せしめるのもあらう。又前述した独乙のヴァルテル校長の如き細心を以てやるのもある。が此の第一の方法は従来大に用ゐられたもので、これは器械的といはねばならぬ。模倣反覆は有効に違いない。小児が自口語を学習するのは此法によるのである。然れども知力の多少発達して居るものに語学として教へる発音教授の方法としては少し如何かと思ふ。何となれば之では具体的に示し得ぬ機官の運動を説かないで徒に模倣せしめんとするために、一説明を加ふれば直に出来る音も、中々に領得することが困難である。したがって時間と労力とを浪費するし、又器械的であるの常として無趣味たるを免れぬ。其故に吾人は第二の方法を大に省るの要があると思ふ。此方法は音の由来を説明して機官を或音が出づべき様にしておいて発音せしめるのであるから、仕事が具体的である。從って効果の著しいものがある。其で吾人の採用した此類の方法を茲に詳細に述べて見やう。

◎今カ（清音）ガ（濁音）の教授をする場合を示して見やうが、先づ教師はカの清音から始める。第一にカ音を発音して生徒に聞かし、又見しめる。而して図によつて其の舌と歯との関係を説示し、かくて其音は清音であることも説いておく。さうして教師は其の図の如くに自分の機官の位置をきめる。かくして、生徒をして夫々にやらして見せる。読に生徒は各自の鏡で自分の機官の位置と教師のと同様に出来てゐるのを調べる。かくの如く機官の準備全く備はつた後に教師自身だけ音をだして見る。次に生徒一人一人に発音せしめては訂正して行く。後に齊唱さす。かういふ風にやるのである。そこで此時にカといふ文字の提出の時であるが、之れは発音の出来上った時に此の音を現すに此文字を以てするといふ風にやりたい。其の方が利益が多いからである。かく音も文字も教授した後には反覆して教師と生徒とで互に各自生徒の音を批正する。其批正の時には違った音を繰返さしめないことはヴアルテル氏の如き態度でやる。発音が既に生徒のものとなったら、此発音を家に帰っても思出すことが出来、復習が出来る様にせねばならぬ。其の方法はどうするか、之には又種々の考がある様で或人は日本の仮字を用ゐるが自然ではあるまいかと説くけれども之に対しては多くの人が反対して居る。これは外国語の発音は到底日本語の仮字では完全に表はすことが出来ないから、若しやるとすれば大なる弊を生ずるからである。然らば文章を以て説明をかいて置くか、又絵画によってやるかどちらかである。所が文章によるのは便宜の方法でない微細の差を示すことが困難であり又一々之を読む必要がある、一目して知り得るといふことが出来ぬ。故に之がためには絵画が一等である。而して其絵画はできるならば印刷してある方がよい。生徒に筆でかかすのもよいけれども、印刷の方が正確に

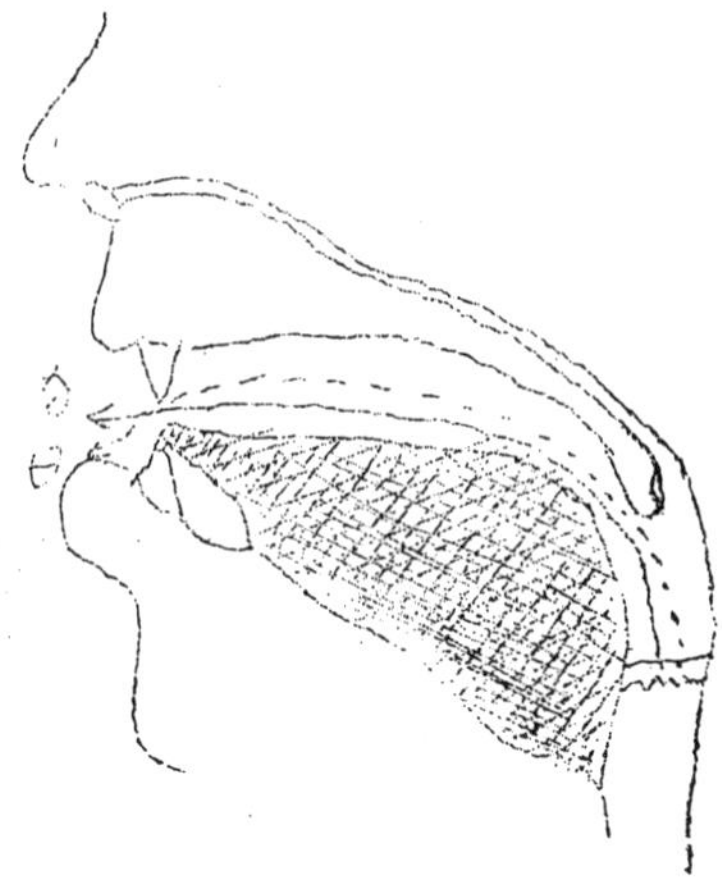

行く、さてかく成ると清音が出来た後に濁音に移るのであるが、清濁は機官の用法に大差なく唯其声帯が振動するか、せぬだけである。其故に之を清濁比較して教へればよい。其れを知らしめるのには頭の上に手をのせしめたり、又喉の所に手をあてしめて示せばよい。其所で二つ清濁の別は何て図に示すか。之れは吾人としては図の如き線の波状をなすものと、直線をなすものとによれば都合が極めてよいと思ふが、この図によってやった結果は極めて良好であって、又便利である。吾人は思ってゐる、此の様な図も小さい但し四五箇、たてて見得る位のものに書いたものを作って此図で文字を綴る様にしたら面白いと、

此方法で文字の提出の時を気音の後にしたが之には実は議論がある。或人はかういふことをいった、「耳も眼も共に是れ感覚でないか。其に

感覚である上は敢て耳からでなければならぬの、眼からでなければならぬといふ必要はあらしない云々」と　これらは哲学をやつた人の説である。実に然りである、けれども之には今少し考へる餘地がないかと思ふ。吾人は此文字の発音がかうであるといふのよりは、此発音は此文字であらはすとやる方が生徒に得心できる様に思ふ殊に「し」といふ字の如き、種の音のあるものを与へるのには、此文字はかうも発音する、かうも発音するといふのよりも、この音も、この音もこの文字が示すのであるとやる方が得心が行きよい様である。併しながら、此両方の方法は少しの差であるから、教師の考でよいと思ふ方がよからう。

右は主として孤立した音の教授の方法について研究したのであるが、語の発音教授となると更に一層の困難のものがある。何となれば語は音の集合体であるからである。単独の音としては、かうであるといふ音も他音と結合すると他の影響をうけ又他に之を及ぼすのである。ことに語として結合した音は語としての傾向を持って来ることがある。其故に之が教授は独孤立の音の如き簡単なるものでない。吾人はさきに、単独の音の発音を図形に表はして、之を幾つも並べて他音とか結合又は語の発音を教ふるのも一方法であるといったが、之とて中々そんなにかんたんにやってもらった困るのである。余分細密な注意が必要であるが、併し語の発音教授は発音式でやる方がよい事は勿論である。けれども或小学校で此式をみてゐた様にペンの発音を教へるのにブド、エド、などペンといふやり方をしては困るのである。尚語の発音教授に於ても如何なる音からつて居るのを前にやるかは大に研究を要するものがある。之については各著書各其意見を異にしてゐる。

語とも必ず発音教授の際には文としての発音教授を施すべきである。之は後に音読を論ずるの時に於て詳細に研究する考であるからには大体の議論に止めんとするが要は単独音の発音を同様発音式によるべきである。決して文字を依頼して、印刷通りに発音が如き、傾向を作るべきではない。

抑、発音は教授の初期に於て充分厳密に正確にしておかねばな何となれば習慣は第二の天性となるものであって、若し初期に不正な発音をする様にすれば、後日到底之を匡正することができないからである。この発音の第二の天性となることについて前の例中にあったウアル校長のとつてゐる注意は極めて大なるものである。前例の中に生徒が発音を違へた場合の事をかいてあったが、かうである

「生徒が発音を違へた時には其生徒も其違を口頭で直に示ことは成らぬ。其生徒は発音分配図を指して、先づ其違へた発音を注意深く発音せねばならぬことにしてある。生徒等が互に音を正す時も、又同様な式であって誤った発音を繰返して示ことを禁じてある」。思ふに これは唯正しい発音のみを初めからや

して、不正の発音を止めて、悪習慣を付けない様にして居るのである。マーセル氏も発音教授には誤を正すよりも誤をなさしめないのが第一であるとし、新語は生徒自ら勝手に発音してはよくないといつた。吾人もこの点には同感である。吾人は発音の初期の教授に於ける注意の最大切であることを説いたが、かくして注意して教授した発音は其後常に注意して保存して行くことが大切である。人間は随落性のあるものであるから、最初には大に注意して正確に発音するけれども日時のたつと共に漸次怠つて来て不精な発音をするに至るからである

(ｂ)発音について、注意すべきは日本語の間に外國語を入れる時である。大家はさうでもないが、大抵の者は此時に真正な発音をせない様である。之は宜しくない。苟も外國語を話すのであれば何れの時と所とを問はず正確であるべきである。自國語の随性のために正確にやり難いのであるけれども、三は努めて正確にする様にしたい。ウァルテル校長の如き注意

すら必要とするかであるからである。又で或人は全く用ゐないのが語学のためには望ましいといつた。語学するためからは実はさうである。けれども実生活上から、文語学の他の方面からは之を使用することが望ましい。其故に正確にやるか、或は全く遠く発音するかである。例へはステイションの如きであるが、之を使ふ時には全く正しく発音するか、又はステンションといふか何れかである。

第四項　音韻学と音韻符号の問題

さて吾人は音を絵画で記すことをいつたが、あらゆる発音と語とを絵画で示すことは不可能である。故に昔から文字なるものが発明せられてきて居るのである。併し現在の文字は到底音を完全に表示しない事は皆人の知る所である。茲に於て、発音符号の研究が従来も行はれ、又現に行はれつつある。ウエブスター氏は　アルファベットの文字に「じ」だとか「-」とか「・」とかをつけて、一々の音を表はさうとした。又之に類する方法は其他の人にも試みられ、此方法によつて作られたる辞書は多い、而して現在の学界では西洋も日本も此の方法が広く用ゐられてゐる。併しながら之は極めて、略式的のことであり、且其の符号は種類が多くあまり感心した方法でない。其故に近来は音韻学上から色々の議論ができて茲に所謂音韻符号文字なるものも作つて之によつて各言は勿論各語の音を表記せうと企てゝきた、所から之についても利害研究を要するもの中々に多い。故に今暫く之についての諸大家の議論並に現在の有様についての報告をして見ようと思ふ。先づブレブナは

〔27〕

◎「言語教授上で今日まで見解の一致しない大問題は音韻学の問題である。語学教授上の今日の問題は中心を茲におくといつてもよい位であるプロシヤ政府の学科規定は音韻学を学校で教へることに反対の意見である、然れども之はベルリン其他の地で音韻学の教授を重んじないからである。余は音韻学の教授に反対の意見をもつてゐる人に出合

毎に其反対の理由を質問した。所が反対の論者は常に音韻学についての知識の無いことを示した。又之が教授を見たことも無い人もあった。二三知名の教師ですらも音韻学的に発音を教へる利益を充分に信ずることをせず、之についての意見を確立せんがために、余に向つて余がさきに参観した立派なる音韻学的発音教授の様をきいたのであ
る。音韻学的の教授は幼少の生徒の大学級では困難である。余の回た所では幼少な生徒の大学級で発音文音を各自に筆記せしめことは適当であるが如何か決しかねる。蓋し其筆記の正否を不断に訂正することは到底不可能であるから。併し教師が板書するか又は長じた生徒や割合に少さい級でやるのならよい。余は十才の男児に訓したる発音教授に見たが全く好結果であつたとはいへぬ。又此教授大いに好結果でなかつたとはいへぬけれども此方法が発音の練習を大いに助けたのは事実であつた。此発音教授は余が見た他の授業の如く

は充分でなかつた時でも受持教師並に校長等は此法を用ゐた学級生徒の発音は用ゐなかつた学級の生徒の発音よりもよいといつて居つた。余の見る間からいへば生徒に良発音を与へるには発音練習が無上のよいものであると思はれる。

⑥ スヰート氏は「吾人は音韻学なくしては、最簡單なる言語上の現象をも観察し又記叙することができぬ、音韻学は理論的の語学も実際的の語学にも共に必要である。音韻学の必要であることは反対論者も之を認めてゐる。音韻学は古くからある。併し革新派の叫ぶのは此音韻学を新に持込まうといふのでない。何となれば其はすでに古くからあるから、其研究を科学的の基礎の上におかうといふのである。

⑥ 発音教授に於ける古からの缺点は單に模倣さへすれば学べるといふ事である。思ふに此は人が剣道をやつて居るのを見てさう

て剣道が学べると思ふのと同様である。発音上微細の点があり
又見る能はざる部分あるは剣道に勝ってゐる、其故に特別の能力
ある人にあらずんば到底此法では学ばない。
⑪第二の欠点は微細の音の区別はやらなくなってもよいとした事である。
併し此考は大に宜しくなかりし。といって実際的音韻学の要をとき
⑫スイスペルゼン氏は音韻学の大体を具体的に教授することは極めて必
要なことで、却って其困難であるといふのはやり方が拙なるに由るのであ
るといって実例を示し、而して之による時は生徒の発音が大に外国語の
其に近付いて来ると論じてゐる。又氏は音韻学上の術語も之を教授
して行った方がよいといふことも種々に説明してゐる。まづ之は生徒をしてよ
りよく発音を把握せしめ、又発音せしめることができる、勿論単に其符
号を示したからといふて其音がよくなるといふのではないけれども、之を用
ゐるために教師は大に労力と時間とを省くことができる。生徒は又術

2×3

号の相違を比較して其音を喚起するが易いといふこともある。例はらʃ、ゐる の如き並べ方をした時である。さて発音には音の出し方の誤りと之を使用する用ゐ方の誤との二つがある。而してこれは此の音韻学上の符号を用ゐると減少することができるのである。又反対者は此表音の方法も到底完全にすべての音を表はすことができぬのであるから、つまり五十歩百歩である。といふ。又或人はこのやり方は精密にすぎるから実用にならぬといふ。此両者は全く反対しておって、然かも此に一応の理あるが如く見える。併し此表音の方法が普通の表音法よりもより完全に近いといふことはまま来る。又実際生徒に用ゐさして見た所左程困難でなく生徒はすこぶる面白がって之をやるのである。

①さて発音を教へるのに四つの方法がある、(一)全く教師の口頭から生徒に教へるもの、(二)普通の綴によってやるもの、(三)普通の綴字とこ

韻字の符号とを併せ用ゐるもの、(四)音韻字の符号のみに因るもの、之である、第一の方法は子供が母語を最初に学ぶ方法である第二のは最近に用ゐられて利弊の共に明である方法である、第三は第四の方法と第二の方法との折衷といふべきものである、此方法は第二の方法よりも有効であるといふことは、其の之を用ゐてゐる人々の語で明かである。けれども、之によると普通の綴字と音韻学上の綴字とを混合するの恐がある。余は其故に第四の方法を少くとも語学の初期に於て用ゐたいと思ふのである。これは彼等が普通の、学に接するに先ちて発音表示法に親示し又言語の材料を得る様にとのためである。蓋し発音通りにかくといふのが言語学上からの要求である又心理学上からもかくありたいのである。然らば何時頃迄之れのみ綴字を用ゐるかといふに之は学習者の年齢と学習に用ゐうる年月とに依るので一概にいふことは困難であるけれども、余は二年間一週二時間の英語の教授に於て前一年間之を用った。然して二の長日子間の使用は少しも後悔することが要らなかったのである。余の考へでは語学教授に音韻学と音韻字符号を用ゐることは教育上の一大進歩であると思ふ。蓋し之によって音の教授は容易になり且精確になるからである。以上はエスペルゼン氏の議論の極大略をのべたのであるが、音韻学並に音韻符号の使用についての議論の正否は前の独乙に於ける之についての態度を比較して考へて見れば明となってくる。が茲に文部省の英語教授法の調査会の報告では「音韻学の概要は教師たるものの研究すべきものなれども直に之を生徒に授くべからず」としてある。尚此問題についてはスウィート氏も論じてある。氏は文字は写音文字でなければならぬ。語学の初期には写音文字によるべきである。写音文字と普通の文字との混合は左程に困難を実際に来すものでない。ことをとき 且音韻学は教師は是非とも知って居らねばならぬと論じてある。

⑩ 以上記した所によって表音の方法についての研究が明になったが之につけて教授者は自己の意見を確立した上で発音教授にかからねばならぬ。然らずんば発音教授は其目的を充分に達することが難しからである。従来西洋に於て又日本に於て音韻学上の表音法に反対して居る人でも、ウエブスターの方法も教へて居る様である。之は実に可笑しい事である。彼等が音韻学上の表音法採用に反対するの理由としてあげるものは一としてウエブスター式に倣った矢たらするものはない。ウエブスター式も採用するの勇気ある教師は何故に其よりも進歩してゐる音韻学の表音法を採用することを躊躇するのであるか。思ふに之は旧習の上から来てゐるであらう。ウエブスター式の他にも色々ある。音韻学の方にも人によって異ってゐる。けれども此方では近時学者間に世界通用の表音の形式の打合をやってゐるのである。

⑪ 抑も発音は何れの表音法によっても到底完全を期し難いのである。故に一々の語に其の表音を或る方法でやった所がそは極めて大体の標準

示すに止まるのである。其故に発音は辞書のみに依頼することはできぬ。語学の学力の進歩と共に辞書を用ゐる様になつてくる。此時に於て発音は辞書にのみ依るべからずといつてどんな辞書でもよいといふ側には行かぬ、教師にして音韻学上の表音式を用ゐるとせば其でできてゐるものは他の式のものを採用せねばならぬ。我國の英辞書の大多數はウェブスター式であるが 外國のには 音韻学上の式によつたのもある。此の何れを用ゐしめるかは教師の先づ定むべきことである。此頃日本には日本の仮字をつけた辞書がある。これは極めて考の無いものといはねばならぬ。併し止むを得ざる独習者用としては許しても然るべきかもしれぬ。又曽て某書肆で英語の單語カードを作った様であるが それにも日本の仮字で発音がつけてある。

ペ27

其仮字を見ると中々苦心してある様に思はれるけれども、併し之を生徒の使用のためにすゝむる丈の勇気は吾人にはない。吾人は実際教授上に於て此種の出版物のために甚だしき障碍をうけてゐる。何となれば苦心した発音教授が往々水泡に帰することある原因は全く此種の出版物に見出されるからである。

第五項 称音並にアルファベット

さて茲に称音並にアルファベットの教授の時期を研究せう。称音は発音の上には大した関係がない、其故に称音は「音」を教へた後に示す様にしたい。かのエービー、シー等といふのを先づ教へて音を教へることは困難である。何となれば甚だ先入主となるからである。例へば「P」といふ字なら、最初は「プ」と発音するのであることを教へ込んで其が充分出来る様にならたら、適当の時期の後に其の字の名称はピイであるといふ様にするのである。此の称音を教へる時期も全体の音の教授を終へてから にせねばならぬ、又全体終らぬ内でもよいか等の問題があるが、一利一害であるけれども、吾人はあながち全体の音を終へてからにする必要はないと思ふ。途中で教へることが大いに教授上に便利を与へることがあるからである。

⓪さてアルファベットに至っては全体の音の教授、及称音の教授がすんでからでなくてはよくない、一体この称音及びアルファベットはあまり重く見える要がないので或学校の細目には明に「称音は必ずしも之を教授するを要せざれども教授上の便宜のために授くべし」とある。実際此通りである。これも授けて置かねと忽ち綴字の時に困る、また字引等を引く時にも困るからである。

第三節　綴字

第一項　教材……綴字改良問題

綴字と発音との不一致といふことは各国語の常であって仏語の如き、甚だしきより独語の如き、稍甚しき度の低きに至り、唯甚しき度の高低があるのみである。此綴字と発音の不一致といふことは実用上又教育上非常に不便を吾人に与へるものであって、若しこれにして一致するとすれば甚言語を使用し、学習する者の時間上、労力上に受くる利益は実に莫大のものであるに相違ない。これがために近頃に至って英語又は他の各口語に対して、又は、ある口語の二三の者に同時に新らしき、実用にのアルファベットを作って、現在使用のアルファベットを廃し、又は之を改良し、以てとにかく読方、書方の困難を大に減少せんとするの企が起ったのである。之れ即ち綴字問題である。固より此種の計画は決して新しいものでない、何となれば下の如き著書が既に以前にでもあるからである

Loys Meigret, Traité touchant le commun usage
de l'escriture françoise (1545)

Sir Thomas Smith, De recta et emendata
linguae Anglicae scriptione (1568)

J. Hart, An orthographie, conteyning the due order
and reason, how to write or paint thimage of manne

voice, most like to the life or nature (1569)
[William] Bullokars Booke at large for the amendme
of orthographie for English speech (1580)
Alexander Gill (master of St Paul's school, London
when Milton was there), Logonomia Anglica:
quâ gentis sermo faciliūs addiscitur (1619 & 162
Charles Butler, the English Grammar, or the Institu
of Letters, Syllables, and Words in the English tongue
(1633)

◎すべて之等の書物は其提供の正字法で印刷してあり各書皆異って
居る。尚現在も此種の新しい書物のあることはここに説く要はない。一八四七
ごろに三年間の実験の後に Isaac Pitman, Alexander John Ell
が彼等の phonotypy を公にした。之は三三の古い型と十七の新しい型と

らなって居るので一八四九年には之で以て聖書並にPilgrim's Progressを印刷した。而して之を廣く實驗して見た結果、(一)このアルファベットは学習することが容易であり、(二)児童が之をよく読む様に学習すると普通の綴字が容易に読める様になったといふことを発見した。其後にピットマン氏之に幾分の改良を施し一八四四年には其で以てPhonotypic Journalの週刊を印した。フォノチピーの無数の形式が米国に於ても起ってきた。又其他に普通の英語のアルファベットにアクセントを付けたり、之をイタリックで書いたり、符には(?)を付けたりして発音を示す様に工夫したものも沢山ある。発音辞書との付くものには皆夫々の表音法を有って居る。而して此方法が発音教授の上に比較的多く應用せられたのである。新しき諸型式を避け、アクセントの付けた文字をも排斥して、英語並に英語の方言に対して実用的、発音的アルファベットを得んがためにエリス氏は一八七〇年に氏の以前の書物に現在の英語の正字法と共に用ゐて其の欠点を補正せんとして一型式を補した、而して之は English Dialect Society によって廣く採用せられ又氏の書 Pronouncing for Singers (1877) Speech in Song (1878) に於て用ゐた。Henry Sweet 氏は Handbook of Phonetics (Oxford 1878) に於て氏の Broad Romic を案出した。其後に The English Spelling Reform Association が起り、而して種々の英語だけに対する発音式のアルファベットの型式が出てきた。米国に於ても綴字改革会がある。両方の会が未だ或一の新式のに同意して来ないのである。一八八一年に The Philological Society of London が スヰート氏によって提出されたる英語綴字の一部の改良を認めた。而し此等は其の会の Proceedings に於て使用せられたるのみならず、又米国の会に於ても之を認めた。併しこれは未だ全く発音式といへないのである。之れは英語の綴字問題の大体の経過である。最近にも綴字問題が米国大統領ルーズベルト氏の時に米国で一問題となったことがある。

ミツチ

第二項　教材の排列

綴字改良運動のために綴字には多少の改変の行はれたのは事実である。然れども今日の英語、仏語の綴字は未だ以て音韻学者の望むが如き者に至らぬ。此故に綴字提示の順序は細心の注意を要するのである。抑も綴字が発音と密接の関係あるは今更論ずるこそ愚の至りである。故に綴字提示の順序は発音と相俟つべきは当に然るべき所である。併しながら綴字と発音とは大体に於て不一致といふのが現在の有様であるから、発音の上に何等の困難なき文字も、綴字の上には大に困難なることがある、又綴字の上では大に簡単であるけれども、発音の上では極めて繁錯であることがある。此故に綴字提示の順序は発音と全く別なるがよい場合がある。然れども綴字と発音とは全然不一致であってみても一致するものが無いかといふに、さうでない、其故に綴字提示の順序は発音の上の要求と互に協約を結んで行くべきである、発音上の要求は既に前に精細に提出したから今は綴字の上から要求を出して見やう。　綴字は之を其の組織の上から論ずれば、単綴、二綴、三綴、多綴と分つことができる。又発音との関係より見れば、発音と一致するものと、然らざるものとに分たれる。而して一綴のものは二綴、三綴若は多綴のものよりも簡易であり、発音と一致するものは、然らざるものよりも学習は容易である。此故に綴字提示の順序は之を組織の上よりは一綴、二綴、三綴、多綴の順序によるべく、之を発音との関係上よりは、発音と一致するものを先にし、不一致のものを後にすべきであらう。

以上は綴字の立脚地から論じ、発音教授上からの要求は之を度外視したのである。が更に発音教授上からの要求を考へるとすれば、其の要求に合するものから進むが便利である。

尚綴字提示の順序は其の意識の上からの要求をも充す様にありたいと思ふ。如何に綴字の上では教授上便利であるとしても、現在少しも使用せざるが如き綴の文字を最多教授すること、古き時代の教授の如きくする事は、吾人のとらざる所である。まさしく実用的の語より初めるべきである。綴字教授は意識と結合せざるときは極めて無趣味なる任事であるから、此点も充分考慮するの要がある。

第三項　教法

綴字の教授法としては諸学者も別に名案が無い様である。従来行はれつゝある綴字教授法は(一)口頭綴字練習(二)指頭綴字練習(三)筆記綴字練習、の三種がある。口頭綴字練習とは或文字例へばペンとすればペンの綴字ピイ、イー、エンと一々其の構成文字の称音を口頭で示さしめるものである。指頭綴字練習とは或文字の綴字を指の頭で机の上とか、空中とかに書かしめる方法である。筆記綴字練習法は右の方法を紙、板、又は黒板上にペン、鉛筆、石筆、石白墨の類を以てかゝしめるのである。而してこの筆記法は謄写によることもあるし、又所謂書取によることもあるし時には暗字によることもある。

217

以上の如き諸種の方法につりて之を用ゐるの順序は一律に論ずべき性質のものでないけれども口頭、指頭、筆記の順序をもって最も都合よきものといひうるであらう。今仮にペンの綴字を教授するとすれば、先づペンの発音を充分練習して、其綴字ピイ、イー、エンを口頭にて唱へしめ、之を指頭にて机上又は空中にかゝしめ、最後に筆記せしむるが如きである。

筆記法は綴字練習の方法として最も有効のものである。何となれば口頭、指頭の如くに具体的可感的の実体として残らざるものに比して、吾人の印象を深くするからである。故に綴字練習は可及的筆記によるべきである。所が筆記法には前述の如き種類がある。之等三者は等しく有効のものであるが、就中書取に於て最も然りとする。書取につきては後に論ずる所あるからして、茲に深く立入ることを止めやうと思ふが、吾人は今筆記法の一例を示さうと思ふ。曾て或学校で西洋人の綴字教授を参観したことがあるが、其の方法は左の如きものであった。先づ一つの語を発音して書の綴字を教師が生徒にきかしめる。さうすると生徒は之を口唱しつゝ空中にインキを含ませてあるペンで書く、而して直に又之を紙の上に書く、書き終ると直ぐ直立する。又次の文字もかういふ様にする、こんなやり方もして居られた、之も一方法である。

第四節　聽方

第一項　教材及其の排列

◎聽方には他人の話すのを聽くこともあり、他人の讀むのをきくこともあり、又他人の謡ふのもきくこともある。然し何れも耳によつて他人の思想を了解する方面である。故に之は社交上極めて大切なる力である。所がこの聽取力を養ふことは極めて困難である、何となれば談話にせよ、講義にせよ、讀方にせよ唱歌にせよ、将又号令にせよ、すべて瞬間々々に消へ去り瞬間々々に來り去る音といふ無形の材料であるからである。書物といふが如き文字とふ消滅せざる材料を讀むは考慮の餘地がある。又其速度は讀者自身の了解の度に從つて行くことが出來る、然れども聽方に於ては緩々と考慮するの遑はない。自分が聽とれぬからといつて、話す人、読む人に不平をいふの權利はない、故に聽方は語學中最も難かしいとする所であらう從つて聽取力養成につきては多大の努力を致さねばならぬしかるに語學教授の上に於て聽取力養成といふことは從來あまり注意せられ　いなかつた。唯直觀式の主張者が之に注意したばかりである。故に之につきての研究の發表せられたものは極めて少い。

抑も聽方は他人の思想の收得の方便である。其故に聽取力の理想からいへば他人の話する所、讀む所、謡ふ所が皆直ちに了解せられて満足せすべき位置に到達したものである。此故に聽取力養成の材料は其の内容に於て、又形式に於て能ふたけ廣くありたいのである。談話、演説、唱歌等の分科にわたり。又其各分科は内容の上に、又形式の上に千種万様のものを包括するを必要とする。即韻文も要あれば、俗謡も要る。日常の出来事もあれば昔話もある。単文もあれば複文もある。単音も唱歌もあれば三重音のものもあるといふ様にあるべきである。而して之等練習の順序は之を実用の上より、之を繁簡の上より考へて、最も実用的なるものより、最も簡易なるものより始めて漸次其他のものに進むべきである。尚教材につきては後の読解並に教科書論を参照することを要する

第三項　教法

聴取力養成の根抵として吾人は先づ読方の方面の力を養ふことが必要である。併しながら聴取力は矢張聴方其物によって養はねばならぬ。聴方練習の第一は孤立の音の聴取から話の聴取に移り、かくて一句、一文、一節、数節といふが如き順序に進むべきであらふ。又其文章は単文より複文に移り、其内容は具体的

3-1

の事実から抽象的のものに又生徒の既習の文章から未知のものに向ふべきであらふ。又其の話し方、読み方、謡ひ方の速度も緩から急に至るがよい。マーセル氏は最初の間は生徒が脳の中で翻訳して行くことの出来るだけの時間の餘裕ある速度でやり、遂には散文を速に読んで翻訳することなしにきいたことを直ちに了解する様にならさねばならぬといってゐる。話されたる語、謡はれたる語の聴取力も亦音から直に内容を了解する様にならしむべきである。聴取力養成の方法としては読方をきかすのならば書物を開かしめざるのがよい。又時には眼をとぢて聴かしめるのがよい。教師が話し、読み謡って生徒を傾聴せしめ、又生徒は話さしめ、読ましめ、謡はしめて他の生徒をして聴かしめるのもよい。齊唱、齊読も有効であり。又暗誦を課するのがよい。

第五節 読方

第一項 読解

(一) 教材

し蓋に所謂読方は読解並に音読を併せ含んで居る。読方が近世外国語研究に於て大いに重要なる位置を占めて居ることは吾人が近世外国語研究の目的を論じたる時に於て充分明かにせられたる事である。殊に古来の言語教授の実質の大部分は一つ読方のために費されであったのである。学者によると読方は話方よりも重要である。読方が最必要であるといひ 読方は聴方 話方 作文等の基礎をなすものであるといつて居る。我国に於ける外国語の教授が最近に至るまでは全く読方、殊に其の読解といふ方面に偏して居つたことは何人も知る所であるが、今日に於ても外国語教授は読方だけ充分にやればよいといふ人もある。この意見の是非については後に吾人が論ずるけれども、兎に角に読方といふものが大に重要の位置にあることは明である。さて読方の中の読解といふ方面は他人の思想感情を収得するといふ方にあるし、音読といふ方は思想感情を他人に傳へるといふ方にある。何れの方面に於ても其内容は宇宙間に於けるあらゆる現象、即人事界、自然界のすべての事実を含有せねばならぬ。然らずんば到底万種の著作物を読み得るの力は養はれぬからである。コメニウスが萬象を分類して、之を悉く読方の材料の内に編入したといふのは此の必要からである。且又其の形式たる文章に於てもあらゆる体と語詞とを含有するを要する。之れ又実際生活上遭遇し来る種々の文章を料理し得んがためである。併しながらかくの如く内容の上に於ては万象を含み形式の上に於てはあらゆる文体と語詞とを包含するといふが如きは、これ一の理想にすぎぬのである。て如此は言ふべくして得べからざることである。故に吾人は日本普道の生活の上に必須不可缺のものを供給し得れば其で満足すべく、又其によつて他を解し得る様の素地を作るべく努力すべきか、至当であらう。

かく論じ来つて吾人は茲に所論読本論に到着してきたのである。但し「読本化」といふことに関しては後に「教科書論」の内に論ずるからして茲には読本論と全く省略して直に教授上の諸問題に移らうと思ふ。

（二）教材の排列

吾人は読解の材料につきての理想をのべたが、之等の材料は如何に生徒に供給するか、今少しく研究せうと思ふ。前述の如く読解の材料は之を二方面に分つことができる。一は其内容にして他は其形式である。内容の上に於ては如何に材料を排列すべきか。之につきては幾多の問題がある。教育上の原理は時所位の上に於て生徒に親近のものから教授して漸次疎遠のものに及ぶといふのが常である、今時、所位の上に生徒に親近のものといへば時は現在であり、所は生徒の生活しつゝある場所であり、位は生徒自身のもの其れである。思ふに近来口語研究の目的から評すれば讀解の材料とに現在のものを先にして過去將来にかんする材料をあとにするのは何人も異論なき所であらう、けれども所に於て生徒の生活しつゝある場所の材料、具体的にいへば生徒の自國の材料を先にして、外国の材料を後にするといふことについては或は不同意の説があるかもしれぬ。否あるである。蓋し語學の理想は其方に学習しつゝある言語の真の語感を得るにあるを以て、材料を自國のものに採ることは此の目的のために不便少からざるが故である。我国に於て発行せられたる教科書を見るに、或者は最初に自国の材料を用ひ、或者は最初から外国の材料によつてゐる。例へば挿画に於て然りである。某読本は巻一、二に於て日本の子供、日本の家屋を描いてある。が某讀本には西洋の子供、西洋の家屋が描いてある。此二者には利害得失共に存在して居るのであって吾人は一概に論ずるの不可を主張するものである。之は従々上についても同様である。内容上からは具体的の事実を先にして抽象的の思想を後にすべきである。蓋し具体的の事実は生徒の頭に解し易いからである。生徒の興味を起す材料から入るべしといふことは読方教授に於て特に重要の條件である。外口語研究が極めて困難であるに加へて甚だ教材が無趣味なるに於ては初学者は到底其の困難に勝ち得ないからである。更に教料の外の一面形式について研究せねばならぬ。讀解の材料としての形式として望む所は文法上の難易によりて先後を定めることである。例へば單文の前に複文がまたり重文が出たりすることは欲せざる所である。以上教材の排列につきて叙述した所は大体の事に止まるが、之が詳細の事につきては後に教科書論に於て研究せんと存ずる、

(三) 教法……譯解問題

譯解には色々の方法があるが欧洲に於て古語の學習に於ては勿論近世語の学習に於て讀方教授の方法として飜譯法が古くから広くに用ゐられた。このことは吾人が前述した通である。又我國に於ける語語学も同様に飜譯法を大に重んじて居ったことも前に述べた所である。今日も猶世界の語学教授法に於ては此法が中々に多く用ゐられつゝある。併ながら飜譯法は語学の上に於て果し然かく値ある方法であるか否かといふことが最近語学界に於て問題となってきた。之もすでに述べたところである。今吾人は何故に飜譯法が問題とせられ又如何に論ぜられて居るかを研究して見やうと思ふ。

◎飜譯に対して絶対的の主張者はベルリツク氏である。　が氏の反対の理由は如何であるか。之は氏の著に於て氏が公言する所を見るのが最捷徑である。氏の主張はかうである。

(一)飜譯法ではその時間の大部分は自國語で説明することに費され、課業中の僅はかりが今学ばんとする外國語で話さることになる。

(二)飜譯の方便で外國語を学ぶ事は(一)外國語の精神骨髓を我が物にすることが出来ぬ(二)又外國語で物を考へる習慣を得ることができぬ(三)自國語でいはうと思ふことを基礎にとつてその基礎の上に外國語を嵌め代へるやうな傾きを有するから、外國の特有語法に同化することを妨げて語の　も句の形状も純正なる外國語でないといふ結果を生じた。

(三)飜譯の方便を以て外國語を学んで得た知識は必然上不具不完全を免れぬ。何となれば我國語の各語が決して外の外國語のそれと全然意義を等しくすることがないからである。又各國語にはそれぞれ特性がある。特有語法の言ひ表はし方、特別な句の構造法などがあつて、之を他の國語で一に少数が代へて表はすことは即ち飜訳することは決してできぬものである。我國語で表はして居る思想はこれを他國の同じ語で云ひ表はすのと意義を異にする場合もある。

◎イエスペルセン　氏は従来の外國語教授法が飜訳を主として居つて其の欠陥も國語教授と等しきもの　あるを難していつて居る。

◎「かくの如き、教授が行はれたとて　其外國が本國人によつて自然的に又速かに話された時に之を了解するの能を生徒に与へ得ざることは決して驚くに足らぬのである。これは當然のことである。（中略）のみならず此の方法は更に他の不利がある、即、此方法に於ては外國語が生徒の眼の前を躍び過ぎるのであつて、其の主なる目的は漠然たる方法で認めんとする。（中略）從つて單に翻訳をいふことに手を引き与へるに過ぎぬ。其故に翻訳法が採用せられる間は生徒は到底外國語の眞の特質を領得することは不可能である。（中略）何人でも當時適當する本國語を見出さず又少くとも其の語が念頭に浮んで出て來ないときに於て、外國語を自國語の談話中に挿入することを經験した人は自國語で意味をとることをせずとも外國語を学習し得ることを知るであらふ。（中略）吾人の理想は自國語に於ての要求に可及的接近せんとするにあり。即ち学習する外國語が本國人に起さしめると同様の感を吾人に与へることを希望する。而してかゝる感は到底翻訳法で用ゐる國語では与へ得ぬのである。（中略）之等の理由によつて吾人の目的は翻訳になり（中略）併しながら翻訳法は語学教授に於て有用であり、不可缺であるかもしれぬ。其故に吾人はこれを判定すべく翻訳が用ひられ得又実際に用ひられる二三の方法について研究すべき必要がある。

◎第一、外國語を自國語に訳することは吾人が生徒に外國語又は文章をきかした時に之を了解さす方便である。

◎第二、外國語を自國に譯することは生徒が吾人の聞ける外國語を了解するか否かを試みるの方法である。併しながら之等に対しては反対することができる。之等の場合に於て翻譯法は決して唯一の方法でない。のみならずすべての場合に同様に有効であるとはいへぬのである。

第一、翻譯法には危険がある。其にかゝはらず。之を以て生徒に意

味を了解せしめるの最も確實なる且最迅速なる方法とし
て用ゐる人があるのである。
第二、生徒が外國語を了解するや否やを知るの方便として
先徒をして飜譯せしめることは可なりによい方法である。併
しこれは可なりに良いといふ丈であつて、常に信用し得るもので
ないのである。
然らば他に生徒をして外國語及び文章を了解せしめ得
るの方法があるか、之には種々あるが、
⑥第一、独乙の所謂直觀法であつて、即直接の觀察又は直
觀の知覺である。例へばハットといふ語を教へるのなら麦藁
帽子やら、中折帽子やら其等色々の帽子を指示してハット
を教へるのである。
かくて教へ得る語は教室内の器具、人体の部分名稱とかの

外に「其は実である」といふが如き語も教へることができるし又大概の行為は之でやれる。かくの如くにして生徒は多数の語や文章を訳することなしに学習することができる。のみならず稍進むに至つては動詞すらも之で知らすことができるのである。

◎第二は間接直観であつて、之は絵画によるのである。さて此法はゴルドシュミットが其著「ピクチャワーツ」其他各種の書に大に用ゐたもので其書物は同一系統の観念に属する物体の画とか或は光景を示す画とかでみちてゐる。又現在に於て独乙の学校及丁抹の学校でも此の絵画を盛に用ゐてゐる。教師は其画を指示しては、其説明を外国語でやるのである。尚絵画は物語類等をも図解したものをも用ゐるのである。

◎併し此の直觀教授については二三の反対説がでた。スヰート氏は云つた。この法では觀念が飜訳法の如くに明確にならぬ。若し吾人が帽子を示して、ハットと云へば生徒は其帽子だけをハットといふと考へるに縁のある帽子といふ總体の名として知ることが出来ない。又教師が口を指示してマウスといつた所が生徒は唇であると考へるかもしれぬと。併しこれは机上の論であつて実際を見ない人のことである。之は独学したり又、画のみでやる場合なら起るであらうけれども、活きたる教師が音を出しつつ動いてゐるのだから少しも心配はない。且吾人は單語を唯繪によつて教へるのみでなく、之と文章の中に入れて使用する。而して其所で其意味が明になされるのである。

◎今一つの反対論は、此の如き方法を用ゐて、澤山の物品と申うたり、生徒が立つたり、歩いたり、教師が身振等をやつては教室が混雑して來るといふのである。

第三の反對は若し教師が手袋なら手袋を出すと生徒は其がために父の手袋を連想したりしてよくないといふのである。併し此の二つの反対はそんなに心配するが如きことはない。

第四の反対は実物繪畫を指示して教へるにしても生徒は勝手に自國語を其語に付けて居るからつまりいらざる手數たるにすぎぬといふのである。之は実に重大なる反対説である。之より全く生徒に自國語を喚起せしめずに外國語の意味を知らすといふことは困難である。けれども出來るだけ外國語を意識の前面に保ち、自由語を背面に保たしめるために此方法を用ゐることはよくはあるまいか。且此方法に馴れてくるにしたがつて、前に学んだ語は新しい語と連想して来るし又自國語が起るのが少くなるのである。

⑨ 兎に角繪畫は語学教授に必要なるものである。而してその繪畫は其外國語の本國の山川、風俗其他の事物等をとつて、使用するに不足なき様に設備せねばならぬ。

⑩ さて以上は直観せしめるために繪畫を使用したのであるけれども、又反対に生徒の思想にあるものを繪畫として發表せしめる。即繪畫を描かしめることも必要である。

⑪ 英語学をやつた人は、書物を讀むときに知らぬ文字があつても之を字引で引かずにずんく讀んで行くことがある。これは其字を引かなくても文の前の關係上から意味がわかるからである。尚かくして吾人は自國語の受教を学ぶのである、然らば何故にこの經驗を外國語学習の場合に應用しな

317　⑥

いのであるか。之に反対の理由としては、吾人は推量讀になる。学習に不注意になる。よいかげんの不確実の了解の辟が付くといふのである。勿論コンテキストから推量する場合があるし、又生徒が了解したかを他の事で証明したいと思ふ場合があるし、又生徒は其意味を推量して居るけれども其推量が誤つてゐるらしい場合もある。併しながらコンテキストで外國語を知るに至るといふ力を養ふこと価値あることで、決して見捨てならぬのみならず、大に養はねばならぬ所である。尚且前の如き反対説の事実は不可避のもので無い場合もある。

第四、外國語での説明、語学の進んだものは原書の字引を用ひて充分に意味を知ることができる。然らは之を教授上に應用すればよいではないか。字引では勿論中には飜訳法と大差ないことがある。併し一般としては飜訳法よりもよりよく説明を与へるのである。吾人は飜訳による方が時間の経済であることも知つてゐる。併し之がために飜訳を用ひてはよくない。外国語で説明することは、外国語を用ゐるから既習の復習になる。其時間は生徒の頭は全く外国語で占領せられてゐる。且此方法の方が生徒に興味がある。

◎第五、飜訳法は極少しは用ゐてもよい。併し全文章を訳す必要はない。唯文中の或る語、又は或節中の一文位に限るのである。尚生徒が語を了解して居るか否かを知るために用ゐる場合については既に研究したのであるが単語類の了解と否とには実物指示、絵画動作等でやることが出来る文問答でやることができる。

◎更に飜訳を教師が生徒に文章の意味をとつて来る様に宿題を課した場合に用ゐるといふのがある。之にも全文を訳せしめる必要なく所々問答して見ればわかるし又或部分を読んで直ちに意味をいはしめるといふ様にすればよい。又或は梗概を話さしめるもよい。一々之を飜訳する必要はない。

又之と殆んど同一の意見をキルクマン氏も書いてゐる。其要はかうである。

◎語学の主なる目的は生徒をして其学習しつゝある国語の書物を読むを得るに至らしめるのにある。而してこれが目的を達するの方法として、吾人はオーラル、メソッド第一に推す。

319 吾人の考では此方法こそ外国文学の倉庫を開く鍵たるものであると信ず。吾人は飜訳以外の方法で、外国語の意味を充分明確に獲得し得る方法が他にあると思ふ。一例といへば図解の如きも其である。外国語の学習に於ては自国語を以て外國語と其内容とを結付ける連鎖と考へてはよくない。生徒は外國語で説明を聞かねばならぬ。而して若し此事にして行はれるとすれば飜訳では到底不可能であるが如き、語感が与へられるのである。かくて吾人は外國語を使用するのに少し容易になつたら、次に會話作文に移るべきである」

又マーセル氏の如きも間接の讀方と直接の讀方と、即飜訳によつて意味をとる方面と訳することなくして意味を取る方面とに、別ち此二者は共に必要であるけれども、間接の讀方は直接の讀方といふ目的に至る途中の方便にすぎぬといつてゐる。

◎以上は飜訳を用ゐないといふ方面の主張であるが、我國に於ても同様の意見が中々少くない。文部省の調査會ではあまり重きを置いてゐない。又英、独、佛等に於てもあまり飜訳を重ぜぬ傾向がある.

◎けだし彼等の主張の要素は外國語と自國語に飜訳すれば外國語を学習することはできる、けれども外國語と自國語とが、吾人の頭の中に於て互に分離するには至らぬ。吾人は外國語を見る毎に常に自國語が添って来る。即吾人は決して外國語で思想するに至り得ない換言すれば、外國語の真の語感を得ることはできぬのである。のみならず、作文をやるにしても談話をやるにしても真の外國語、真の外國文は出来ぬ。其は先づ自國語のイヂオムが頭の中に出て来て、其を外國語に飜訳せんとするからである。といふのである。

◎前述の如く飜訳に対しては非難が少くないが、併し飜訳をせぬといふこの主張に対しても又非難反対説が少くない。其の内の重なるものは既にイエスペルセン氏の語中に出てゐたのである。が彼等は又飜訳は知識を明瞭正確にする、母語の教授に有益なる方法である等といふことをも主張するのである。

⑩又スキート氏は訳読の効用は之を争ふことのできぬと称し之を大体三時期に区別して第一期は外國語を理会するの最簡便良好の氣候として之を用ゐ、読は語につぎ句は句についで記し、第二期は譯すべく力めて出来る限り意味を文より取るやうにし、之に其外國語自身での説明を加へ、第三期に至つては自由に自國の日用語を用ゐて記述し彼我文脈の異同を考慮するといつてある。

⑪此二者の見解は何れにも相当の理由がある。併し語学の理想の上からいへば、素読の儘で直に意味を了解する様にならねばならぬ。之は鄙訳の主張者でも決して拒むのでない。マーセル氏の如きですらもつて書物をよんで直に了解する所謂直読

は吾人の目的である。譯讀は実は二つの直讀の準備にすぎぬ、と
いつたのである。即目的は兩者共に同一であつて、其途についての意見
が異るのである。吾人の意見は此目的に達するの方便として或部
分は之を譯するのが必要であり効があり而して左程には害をあた
へぬ様に思ふ。ブレブナーが獨乙に語學教授法の中に革新派
の特色として「外国語を自国語に譯することを可成的減少する
こと」といつたの位が適当の程度と思ふ。文部省の英語教授
法調査会の報告には「従来慣用せる「譯解」は之を教授
一の主目と認めず、英語の意義を了解せしむる一方法とす
といつて更に「國語を媒介とせずして直接に英語の意味を領得
せしむるを要す」といつて居るのはあながちに譯解によるべからず
之又あながちに之を捨つべからず、時宜によりて、之を採否し、以て
局の時は譯解せずして意味を領得し得しめねばならぬといつ

たゞ、論としては折衷説であるが、宜を得てゐると思ふ。廣島

32年 高等師範學校の附屬中學校の教授要目及教授法には左の如く書いてある。

◎「講讀は素読により意義を理解し、又意義を与へ得ると共に之を発表する英語を連想せしめんことを要す、

◎故に実物、繪画、動作、表情、國語等によりて思想と言語とを連絡せしめ後更に逐字の訳を附し、以て語句の関係をあきらかにし、然る後反覆練習し 言語をきゝ直に其意義を知るに至らしむべし。

◎反覆練習の際は articulation, accent, emphasis, inflection, pause 等に注意し 始より正確に natural reading に慣れしむべし

(四) 訳解の方法

◎前述の如く或部分の訳をするとすれば、其或部分とは何をいふのであるか。之は主として抽象的の単語、実物絵画其他の方便で意味を傳へ得ざる語及句等をいふのである。即訳によらねばならぬものを云ふのである。

◎苟も訳するといふことにすれば訳の方法を研究せねばならぬが、文章の訳の方法として昔から直訳とか意訳とかといって、とれがよいとか、それが悪いとか論ぜられた様だが其いづれがよきかは其直訳とか意訳とかの論の内容の判然した後にある。此の訳解について高橋五郎氏が

325

論じて曰く

「訳解は寔に厄介なる者なり。然れども教師先づ英文の精神及意義を領會して、成るべく直訳的に又、同時に成るべく自国の語法的へ(イヂオマチカル)にこれを學さば、啻に本文の釋然氷解せんのみなら

ず自国のイヂオムを守ると同時に其外国語のイヂオムを領會せしむるの益あるべし（中略）彼の一時流行せし「読本直訳」の類が英学社會を腐敗せしめたるは甚だしかりき。（中略）我が「リードル直訳」なる者は、英和両方を損していづれにも益せず、学ぶ者をして其意味の何たるかを察知することを得ざらしめたり、殊に前置詞に於て其弊尤も甚だしとす、是れ併し作に舊福沢風の流弊なり（下略）

⑥かく痛罵したる後氏は前置詞冠詞等の教習法について詳細の研究を発表してをられるのであるが今は之で止めやうと思ふ。即ち氏は所謂直訳なるものを以て訳解の法の当を得たるものならざることを叫ばれてゐるのである。又外山博士もこの直訳法を以て一の化物的の訳法であると称し、真の直訳は然る如きものでなくして「go [illegible] to sleep を彼はねむりにまで行きし」と訳するは化物訳であって「[illegible]

ばはむりに就きました」と訳するのは真の直訳であるといひ、更にこう直訳は大にやるべきものであつて、彼の所謂意訳の如きは書物でも著す時には採用すべきも、英語を生徒に教授する場合にはなるべくさくべきものであるといひ、其理由として未だ英語を知らざる生徒をして、語句の不正なる意味を知らずして全句全文の意訳のみを与へるのはよくないといつて居られる。

② 吾人は外山博士の説の如き意味に於ての直訳のなれば大に賛成である。けれども章訳だからといつて唯漠然と其の意味を傳へるに止つて、文の関係等につき何等の注意もはらはぬものは取らぬ所である。

327 直訳がよいとか意訳はよくないとかいふ議論は其直訳と意訳といふ語の内容を判然せしめた後の上でなくては賛否何れにも手もあけることができぬといつたのは之れがためである。

② 抑も飜訳の困難であることは前の飜訳採否の問題の時に既に

充分明にせられた所であるが、良好なる飜訳とは、内容形式共に原文の含む所に最も接近せるものであることは勿論である。然る所我国語と欧米の国語とは甚系統の異る上より原文と飜訳文との接近は中々に難しい。併しそれでも飜訳にあつて、比較的多く原文に接せしめ得ることは出来ぬのではない。故に飜訳については充分の考慮をなすの要がある。されども最も大切なることは先づ正しき国語を用ゐるといふことである。正しからざる国語を用ゐて居る様では原文に接近云々を論ずるの資格がない。

第六講　音讀

一　教材ー音讀の標準

◎音讀の標準は発音の標準と等しく、教育ある口にとどし人に了解せられ得る様に讀むといふにある、一体日本人は文字は之を綴字通りに発音し過ぎる。又文字は一々の文字を皆、明瞭に発音して讀み過ぎるのである。例へば、little とか、settle 等の讀は英國人等は決して明瞭に言はぬ。而してよく了解されるのである。然るに日本人は之を喧しく明瞭に言はぬと気がすまぬ。而して却て了解せられぬのである。音讀は印刷通りに讀まないで、話される様に讀むべきである。

◎然るに之に反対の意見を唱へる人がある。其学者は次の如き「讀方は文字を虐殺する」ものであるといひ、文字通りに発音し文字通りに音讀す可しといふのである。

國より文字通りに音讀すれば日本人には了解される。又日本在住して居る英米人には了解されるかも知れぬ。併し日本人によく了解されるの故を以て、又日本在住の英米人によく了解されるの故を以て、ロンドン人に了解されない音讀を推稱してよいとはいはない。何となれば日本人の了解するのは、其音讀が日英式であるからであり、日本在住の英米人の了解するのは、日本式の音讀に馴れて居つて、多少の不完全の点があつても、意味を推察し得る程になつて居るからである。ロンドン人の如く讀むといふことを推稱するのは決して容易のことではない。之を文字通に讀む讀方を教へる方に比較すれば、其の難易の差快して大いに異なるのである。然れども易きりといつて通用せざる音讀を教ふるのは教育の任務ではない。

(二) 教材の排列

音読の材料は講解の材料と同一でよい。併し其排列練習の順序については、研究を要するものがある。先づ考慮すべきは、発音の難易である。前述の如き音節の標準に存する如き、音節を練習するとすれば、之が発音は極めて周密の注意を以て練習するにあらずんば、所謂「文字の屠殺」のみならず、発音の屠殺をすることとなるのである。

音読の材料は最初は散文によるがよい。之が理由は韻律は後に論ずることにする。散文については、記述文、論文等の順序がよい。其理由は記述文の如きは比較的に抑揚、緩急が少くして、練習に容易であるからである。

又之を文の構造上より論ずれば、単文より複文、重文に進むべく肯定の普通の形より、疑問、感嘆の文に至るがよい。蓋し関係代名詞を有する文の如き、関係副詞の有る文の如きは、之等に比して甚だ翻譯は困難であるし、又普通の肯定、否定の文は、疑問、感嘆を表はす文に比して、翻譯上に要する技巧鮮少なるが故である。

然れども右述ぶる所の順序の如きは其大体の方針を示すに止まるので、一個の單文と雖も時と場合とによつて其の書き方の字は種々に變化す可きものであるから、單文は常に複文より簡易なりとの事は絶對的の法であるとは言へない。同様にして疑問文は肯定文より常に難しといふ譯でもない。其他に於ても同様である。故に實際教授の上に於ては其の材料の宜しきについて隨時細密なる研究、評量を經ねばならぬ。

(三) 教授法

(1) 故に音読は文章を活かし、又殺すものである。文章を実際的のものとし、印象を与へるものとし、又可解的のものとするものである。音読を之からやらうとする時には、第一の條件として其の音読の材料即ち文章を読者が之から理解して居ることが必要である。其材料を読者自身が理解せずして、如何にして他人に之を理解せしむる如く、読むことが出来やう。其れが不能なことは火を見るよりも明である。

(2) 然るに従来我国の読方教授の実際を見ると、其の材料の理解せられざるもの、音読を課してゐることが少からざる様である。教師の生徒も単に音声で、読みさへすれば其れで事足るので他人が聞いて理解されるかどうかは少しも念頭におかない如き方法が多くあった。今日でもやゝもすれば、生徒は音読は唯声を大にして速やかに読めば可きかの如き態度を示すことがある。これは昔の四書五経の如きもの、音読法から来た余弊かとも思はれる。

(四)上述の理由の下に音読は意味の気分的明瞭である材料をまゝ読ませて教授するを以て原則とする、其の教授の基礎としては、会話を以て之へてるがよい。蓋し会話は其話す材料は話す者の思想であり、又其話すことは対者に了解せられねば一歩も進めることの出来ぬものである。故に話者は自己の思想を適に他人に了解せしめるための手段を講じ得るし、又講ずるの要がある。之が為めに発音、アクセント、休止、抑揚、緩急などの注意を要求されるからである。又或学者は対話から始めるがよいと云つた。之も吾人の説と同意見であるらしい。

◎読方の方法として、暗誦が大いに有効である。初歩のうちは大いに反覆して、其材料を暗記せしめねばならぬ。併しこの場合に注意すべきは鸚鵡的にならしめぬことである。之が為めに、形式上簡単なるものから、複雑なるものに進み、種々の文章の系列を作って暗誦せしめる様にすれば甚だ有効であると思ふ。

◎音読は先づ教師から読んで範を生徒に示すを以て原則とすべきである。特別に生徒に練習せしめて、おいて之を生徒に読ましめて批正するのは一の方法であるけれども之は発音と等しく流れる調子を失ふことあらしむる恐があるから、排斥すべきである。すべて誤を正すよりも誤を生ぜしめざる方が一層良好の結果である。かく範読を教師がやるとして、其方法には教師が全文を一応範読して生徒に全文を読ましめる方法、全文範読後更に一文一句宛範にかけて生徒を伴読せしめ、後生徒は全文を読ましめて、批評する事色々あるであらう。か伴読といふことが余程有効であるし又書物に相当の付箋を附けて読方の記憶を促せしめることも必要である。他人の読むのは聞書して聴き、又開口して聞かしめるといふのもよい方法と思ふ。

尚小さい事であるけれども、指名は命令をした後でなければならぬ。生徒が読んで読み続けたら、次の読む所を生徒を生徒が指名するのもよい。又は自身の練習としては、書取せしめるのが大いに有効である。吾人が常に発音を研究した時の事取らしめたのがある。其の方法は教師が例へば此のといふ音を発音を生徒に向けて発音して、其の何れであるかを生徒に答へしめる、又生徒の発音せしめて、其を教師の他の生徒が分けて書く。かくて教師及生徒の分いた音と發音生の意志した音との差違を調べるのである。これも正確である。又普通の書取が読方練習のため発音練習のために用ゐられるのは皆人のよく知る所である。

◎上来音読について材料、方法について述べて来たが音読の上達の秘訣は反覆練習にある。反覆練習に依って以て習慣とすることにせねば到底之らではない。音読は黙読によって上達する。

所が茲に一つの天下の私有することを許されない一大発明がある。其は恩師故永野芳夫教授の読方教授上の新工夫である。教授は英語の會話、読方は、一定の律動（リズム）がある、一文章は之を音の連続の上から何個かの節に分けられる。而して其等節が一塊として他の節と同一の長さの音で発音せらる可きであるといふ事からして、今練習せんとする文章を或数の節にわけて、一方にも楽器に由ある調子取の道具を用ゐて一定の調子を鳴らして、其の調子のはつりに合はして、各節を讀むのである。

今実例を以て説明すれば

There is nothing to be done but to go to bed.

ある文章を

There - is - nothing - to - be - done - but - to - go - to - bed -

とわけて、一方は調子役にカチ、カチ、カチカチと打たしておいて、其のカチとカチとの間に一節宛で讀むのである。さうすると勢ひthere isとか to beとか to goとかいふ語は連續結合なしで発音せられないと、芸師をカチカチの間に読みすることが出来ぬことになって来る。これに於て読方は自ら自然的とならざるを得ぬのである。之は教授の技術にかかるのであって、教授の術によると教授が悔外に忘れた時は、この方法で以て読方の練習をやって教師はほうりでもらふと余程楽だよかろうと思ふのである。而も実に有効なる方法であり又面白い方法であると思ふ。

第三項　文物教授

◎吾人は読解の材料で論じ、之についてては後にて教科論に於て論ずる計あるのしていつる。併し茲では芸、論すべき一問題である。芸は既に習しアリエし教授の問題である。

抑もレアリーと教授は廿年新派の主張する所であるが、生徒をして正しい読法を得しめるためには、之は大に必要といはねばならぬ。蓋し文物は言語を基として居る空気であり、水であるからである。吾人の学習して居る某外国語の本国の文物についての知識を充分にして某語の真の意味が分り、又真に其言語を語り、又聴くの感が起るのである。ステイーマーといふ語を学ぶのにしても、若し彼地のステイーマーについての知識が不充分でなればステイーマーといふ語の示す内容は不充分である。ステイーマーといふ語の真の内容は英米のステイーマーと其物である。故に英米のステイーマーに対する知識充分にあつて、真に其語を学得したといへるのである。ステイーマーの語を学んで築港な桟橋などか、大阪ステイーマーが頭に浮ぶ様ではよくない。かく論じて来れば文物教授が如何に大切のものであるか明であ前述の如く革新派教授法では文物教授を重んずるのであって、独国などでは此の教授が中々に盛に向ひつゝある。欧米の諸国の文物は共通の点が多いが、然るに文物教授に大いに努力して居る。然らば彼等とは大いに文物の趣を異にする我国に於て文物教授が一層の必要あることは明白々である。然るに我国に於ける従来の読本の英語教授はこの点を大いに缺けて居る。これは教師自身が英米国の文物に対しての知識の不足といふことが大なる原因をなして居るので、実は止むを得んことである。併し今後はすべからく文物教授をやる様にせねばならぬ。

第六節　書方

第一項　作文　(一)教材及其排列

◎茲にいふ書方とは作文のことであって、綴字は之を含んで居ないのである。作文の力を養ふことは、外国語研究上極めて有用なすることであつて、思想内容の方面の仕事である。此點に歐州に於ける讀方教授に於ても、又我國に於ける讀方教授に於ても、比較的多く注意を向けられたのである。例へば朗讀の研究ではあるけれども、スツルムの學校高級では尋常級から作文を課し、始め其から漸次進んで行つて、文に文体の練磨に努めしめたのである。其以前述した、すべての讀方教授上の功績者は皆作文に重きを置いて居つたので、夫のアスカムの如きは、作文上に一新機を發見したのである。

◎最近に於ける讀方教授に於ては從來の寛さなか此作文の上に重きを置かれてある。抑も作文教授の理想は外國人と同樣に自己の思想の發表を筆によりて、おしねるといふ力を養ふのである。故に作文の力は決して一方に偏すべきではない。例へば手紙は一本も書けぬけれども、論文は書くといふが如きではよくないのである。文形式上からいへば、單文は綴り得れども、複文、重文は之を綴り得ぬといふのではよくない。

故に作文は可及的、廣範に亘って学習するを要するのである。既に作文が可及的廣き練習を必要とするとすれば、其が材料は難易雑多ならざるを得ぬ。従て之が学習の順序はよろしく其の易なるものより漸次難なるものに進むべきことが至当である。単文を作りなさるものか、複文を作りなさいよりは勿論である。

抑も文章の形式は内容によって定まるのである。故に作文に於ける材料の形式上の難易は内容上から来ることが多い。かくて内容上簡易のものを先に採ることは、自ら形式上簡易となる場合が多いのである。例へば普通の文は論文よりも、其形式易くなるが如く、具体的な実材料の記述は抽象的思想の材料よりも記述が簡であるが如き之である。

（二）教法 ―― 反譯問題 ― 自由作文問題等。

◎作文教授の方法として古から盛に用ゐられたものは自国語を外国語に翻訳することである。かのアスカムが復文法を発明したのは既に述べた如くであるが、如何に自国語を外国語に翻訳する方法が古から用ひられて居るかを知るに足ると思ふ。併しかく長く用ゐられ来れる此の方法は語学教授の革新後にあつて甚だ攻撃を避けれるに至つた。而して現在に於ては之れについて種々異論が存在して居る。故に吾人は此の賛否両者の意見を略述せると思ふ。

◎先づ此方法を主張する意見から叙述せう。

其の主張の主なるものは次の如くである。

◎一、自国語を外国語に翻訳するは、外国語で思想を発表する練習を学習者になさしむるのである。

◎二、自国語を外国語に翻訳するのは外国語で思想の発表が出来るか否かを試む方法である。故に学生が外国語の文法を了解して居うやむやを、試みるのには此方法なり。

◎所が之は反對の側の人からは左の如く駁されて居る。

◎一、自國語を外國語に翻譯するのは、外國語で思想をば談又は筆記によつて、發表せしめ得る他の諸方法へ以前には看過されてゐたのだが、之に比較すれば大いに劣つて居る。ピールバウム氏曰く、外國語學習のために、外國語に自國語で翻譯することは教育上の誤謬であると。

◎二、自國語を外國語に翻譯することを、生徒が自己の思想を外國語で發表し得るために試みんとするのは、誤であるか、又は進んだ生徒に限り適當した方法である。

◎吾人は此駁論中に思想發表の他の諸方法といつた、然らば其の諸方法とは如何なるものか。之を研究せんとする。

◎一、原文を書寫すること。

◎之は外国文を筆記するのであつて、暗写することもあるし、又書取らしむることもある。此書取については、後に少しく論ぜんとす。

◎二、学習したる事を記憶から書くこと。

◎之は既知の物語とかいふものを、回想して書くのであつて、例へばイーソツプ物語といふ様な物語を記憶のまゝに書くといふのである。

◎三、図画を見て之を説明す。又記述する文を作ること、

◎之は或一定の図とか絵画とかを与へて、其を説明叙述する文で作るので、例へば英国の地図、ロンドンの市街図とか、又、ノートルダム寺とか、ナポレオンの墓とか、ワシントンの肖像とかを生徒に提供して、之は何の図であるとか、此図の此所は何であるとか、此肖像は誰であつて、其人は何をした人であるとか、何年前の人であるとかといふの如き事を説明せしむるのである。

◎四、記述すべき事項の梗概を与へて、之を綴らしめること。

―334―

◎之は或る物語とか、叙事文とかの大体の内容を示し、之を骨として一文を綴らしめるので、例へば何日に横濱を出帆して、何日に伯林に到着して伯林で何を見物したかといふが如き。又ミルトンは少年時代は、かうであつて、長じてかくかくになつたとかいふが如きことを大体だけ示して、之に肉を付け、色を付けて、文を成さしめるのである。

◎五、練習の一章文は一節の為め節を書くこと、

◎之は一章文又は一節をコンデンスするのであつて、例へば歴史の書物とすれば、三十年戦争の原因中の一節が二十行で成つて居るとすれば、其を五行位に短かく書しといふが如きである。ラムがシエイクスピヤを散文にコンデンスしたが如き之である。

◎六、日々の記事を叙述すること、

◎之は日々の、時の事物、食事、起床、遠足等の特別の事件を叙述するの類である。

◎七、文通

◎之は同国人相互に、又は外国人相互に文通するのである。之は欧州に於ては盛に行って居るので、例へば、英国の中学校の生徒と仏国の生徒と文通をしたり、独逸の学生と米国の学生と文通する如き、である。我国に於ても、英、米の学生と文通する者が行はれて居る。

◎八、主として有形のものに就ての短い論文を書くこと。

◎論理上、文学上の如き高尚なる抽象的の論文は之を書くこと極めて困難である。然れども何故に雨が降るかとか、何故に日の長短が生ずるかとか、いふが如き方面の論文は比較的に容易である。故に此種の論文を作らしめるのは、有効なる方法である

◎九、読んだ書物の文学上の価値の批評

◎之は或一定の文学上の書物を読ませ読んだ後に、其れについての文学上

値を批判せしむるのである。

◎一〇、或る書物中に出て来る人物の性格、事件それについての批判

◎又は書中の人物の性格が矛盾があるとか、事件が不自然であるとか、其人物の性格はいやであるとか、此事件は無い方がよいとかいふことの批判文を作らしめるのである。

◎一一、伝記　歴史的の漫筆

◎式はフランクリンの自叙伝の如く、自己の伝記を作るもよい。又他人の伝記を作るもよい。

◎一二、討論文

◎或る級を甲乙にわけて討論の題目、例へば筆力は武力に優るの如きを与へて筆の派と武の派とを作って、互に反駁する文を草するのである。

◎一三、課題を与へて、全く自由に文を作らしむること。

◎之は或る題目、例へばロッキイ山とか、ウオータールーの戦争とかいふ題目を与へて作文せしめるものである。

◎一四、問に答へること、

◎一五、一定の語句に関して発言せしむること。

◎一六、文法上の規則を説明する為め、又は一定の語句を使用した文を作ること。

◎例へば三人称単数の直接の現在の動詞は、それだけの変化を加へねばならぬといふ法則を説明するために、此法則に合する文を作ったり、又は in order to といふ語句を入れて、「He went to London in order to study English といふ文を作るがごときである。

◎一七、或る話を人称、又は時を変へて書かしめること。

例へば一人称で書いてある話を三人称に直して書かしめたり、又現在で書いてある話を過去で書かしめるが如きである。

◎一八、単文、混文、複文を相互に變作せしめ、又は能動と受動との文様、直接話法と間接話法との文様等を行はしめること

◎一九、缺點ある文、語句を与へ、之を訂正せしめること、之は我國語の作文でも昔から行はれた方法であるが、外國語の作文の方法としても用ゐられるのである。

◎以上列記した内、第一より第十三に至るまでは、所謂自由作文と称せられるものであって、何れも翻訳法以外の作文法であるが、この自由作文といふものについては議論がある。

◎或論者は自由作文と称し、生徒の思想を自由に発表せしめるといへば、其名は立派であるけれども、其実は「出鱈目作文」である。故にかくの如き方法を採用するのは、一定の教科書による作文の練習の準備として為すべきものであろう。一定の型を教授し続いて後に自由作文は出来るものであって、未だ一定の形式を練習せ

かくして自由作文を課するが如きは、剣道に於ける型を知らずして剣を弄するのと同一である、といふ。

◎文芸人の自由作文は生徒をして思想発表の方便なる材料を探り求めた無益なる時間を消費せしめるものであり、又是等の方法で作つた作文を許容することは殺人と値ふ方である。何となれば、甚だ許容は全く生徒の作意を乱しかぬからであると論じて居る。

◎併しながら自由作文の主張者はいふ。作文は思想の発表が目的である。初学の時から自国文を外国文に一言一句も苟もせずに翻《ほん》訳するといふが如き窮屈なる求めでせられては到底低学年の熟く必要がない。故に先づ生徒の思想を生徒の有する語詞で文法で気儘に書かしめるがよいと。

◎今云ふ人は自由作文と翻《ほん》訳法についての論議の側面観をやら

ろと思ふ。思ふに、自由作文についての賛否両者の説は共に真理である。必要の語詞及文の型式を教授せずしては、外国文の構造の正確なる学習は期し難い。併しながら最初から構造に拘束せられては、学生が之が伸びぬといふのは勿論である。併し定の型式を教授して、之を頭に収めて置いて、必要に従つて、抽出して来て使用するといふことは、理窟としては、よいけれども、実際には、容易に行はれぬ、作文である。又自由作文では思想が伸びるけれども、誤を生じ易く、正確を保し難く、又自分の所持の知識の可能の範囲のみで作文するからして、新しき型式を覚えたり、語詞を増加することが出来ぬ。其故に吾人の意見としては、両者混用を主張するのである。全然一方に依らんとするのは、偏して居ると思ふ。

両マーセル氏は作文よりは模倣が大事であり、模倣よりは二重譯の方法が極めて有効であるといって居る。此の模倣といふことは大いに留意の必要がある。而して之がためには、吾人はスタンダードオーサーの暗誦を重視するのである。

第二項　書取

〇茲に吾人は書取を研究せう。書取といふことは教授上中々重要な位置を占むべきものである。何となれば、書取は聴方、読方書方の全体の力が働くからである。書取の初歩のものは読の書取であって、其から句、文章、節、章と分量上の増進を来して来る。書取は前述の如き種々の利益があるが之が方法として教師が一文を読すか、生徒の一人に其文を読ましめる。而して其の何れとしても度数は一回で充分であらう。然し教師は之を二回位読してもよいし、又は教師が一回生徒が一回にしてもよ

かっこ 其文は第一段としては、読本中から採って来るし、第二段としては読本中からの文章を極めて僅か変更して用ゐる。かくて進んだ生徒みなれば全く新しい文章を用ゐることにする。其は黒板上に書取らしめる事もあり、又雑記帳石板の上に書取らしめることもある。又一人の生徒だけ黒板に書かしめて他の生徒は雑記帳又は石板に書かしめてよい。かくて訂正は又は生徒にやらせる。若し黒板が沢山あれば数名の生徒を同一の文章又は異った文章を書かしめるがよい。かくて字体は斉合符号か又は普通の綴字か、又二三の生徒を別々にして後に両者を比較してもよい。又同一の文だけを書取らしめて、其には合の文を書かしめることもやる。又一文を第一人稱で書取らして其を其他の人稱でも書かして見るがよい。書取に於ては其生徒の学力に応じて或は読み方の緩急、切り方、或は句読などしを読む読まぬこと、六十節の別れのことの問題を豫め定めておいてやすいのである。久くて、其の問題の方法も、教師がやるか、生徒がやるか。教師がやるにしても、其の出し方はどうするか、式は一冊附けて誤字に記号を付して返すか、一々改綴を書くべきか、又誤字は更に書いて提出せしめるか、誤字の数はどういふ標準で計算するか、又其の生徒に直さしめるのも、誰のを誰に直さしめるか其姓名を知れる様にするか、せぬか、教室でやらすか、家でやらすか、種々の問題がある。殊に困るのは採点上の問題である。採点を正誤の比例でやるか、又誤の数を勘定して、其れで定めるか、例へば五十誤があれば零点を附するかどういふ如きこともある。この事について面白いのがあるが、或学校で書取の採点に一教師がマイナスの点を付けたことがある。これは五十誤があれば零といふのはよかつた、けれども、其の答案は六十誤があつたのである。

第七節　言方

◎言方は作文と等しく思想発表上、極めて大切なる作業であり、而して之が直接としては、作文と全く同一である。但し、一は筆に依り、他は口舌によるの差がある。而して其の困難の度は作文に勝る。何となれば、言方に於ては迅速といふ事が必要である。瞬間に舌上から出て、言語となるを要するからである。作文に於ては之を充分思考して訂正又訂正を加へ得る余裕が多いが、何分即座に作為する時といへども、言方の如く来て来るまゝに他人に会得せられるが如き比ではない。思想が迅速に言語となって出ても、之に誤謬が無い様にするのは、一に練習の力に依らねばならぬ。一体読方の学習に於て要求することは、文章練習にあるが、作文と言方に於ては、殊に然るを見る。之は作文と大同小異の性質のものであり、而して、其の詳細の作文は作文の訳を示してあるから茲には之で筆を擱くことにする。

第八節　文法

第一項　文法教授の歴史

◎語学教授の歴史を読み来るものは、文法が如何に語学教授上で重要視されて居るかを知るであろう。抑も文法は言語の骨組であって、言語の存する所之無きには無い。固より言語ありて、文法が存在するので文法ありて言語が存在するというのではない。

故に言語が文法を支配すべきであって、文法が言語を支配するということはあり得べからざる理の如くある。併しながら現在の言語が後来の文法のために、拘束されることは実に多いのである。之が古来語学教授上に文法が大いに重きを置かれた理由である。併し乍ら文法は語学教授法史の上に於て絶対的には安全の位置を占めるのではあ

い。甚地絶は防禦するをすゝめするのである。故に吾人は今文法教授
についての古来の模範二派の論をはからうと思ふ。
◎スツルムは彼の学校系統の最初年級即第十級に於て名詞
動詞の語形例、第九級に於て之に加ふるに例外のものを以て
した。よつては極初年級から文法の教授を必要としたので
ある。試がルーテルは抽象的の規則によつて語学を教授するよりも
具体的の実体によつた方が効が多いといつて、文法教授に文勢しれに
モンテーニユに至つては文典、規則を排斥して、外国語の内ん
飛込んで行くがよいといつた。ラトケは多少、翻訳、暗方の練
習を積んだ後に文法を授けるといふのであつた。コメニウスは当時のラ
テン語の教授の欠点として複雑なる文法教授をやつて居ることを
挙げた。ロツクは国語の教授は文典では始めぬ、文典は年長
者のやることで年少者のやることではないといつた。

359

一バセドウは語学は文法をやる事に全く練習のみでやる方が練習あくして、文法の先にやる方よりも非常に容易であるといつて居る。ハミルトンは文法教授に反對して居り、ジャコトーも其説を述べて居る。今日に於ては、オットー、オルレンドルフの如き人々は所謂文法式の教授法で成功して来たし、之に對して革新派は文法を廃しはすれども、総数かつ大いに異なるのである。

(二) 教材、教材排列及教法。

抑も文法は言語の組であり、骨であることは、前述の通りである。其故に言語を正確に知る為めには、文法を修了して居るといふことは大切である。即之によつて吾人は、個人の思想の論理を正し、文章の思想の系統を論理的ならしめ得るのである。固より文法無くしては、如上の事は之をなし得ぬといふのではないけれども文法が之れ大いに與るといふことは事実である。而して文法は個々の單元から、一の組織を形成して居るので此組織を總て學習すれば、吾人は他人の思想並に自己の思想を理解することが出来るのである。故に推して文法のみについて論ずるとせば、讀者は文法に曉通するのであるといへるのである。文法が一の組織を成して居るといふことは前述の通りであるが、若し此の組織を完全に習得せんとせば、この組織のうち要素から之を修得し始めねばならぬ。文法の組織は宜しく石垣を積むが如くし、又數學を學習するが如く、根本より漸次上進するを要するのである。故に若し他の學問と等しとせば文法は基本要素の収得より剏めて、やがて、組織全体の修得に至るべきである。即ち文法は之を個々の法則より高級の規則に排列すべきである。

一体、文法教授上には、幾多の問題が存在して居る。故に吾人が茲に論じている所の材料並びに其排列のことは、其等の問題の解決と共に定まるべきものであって、吾人の所論は其個々の場合を省みざるものである。故に文法論は或る意味に於て問題の提出なるに過ぎぬのである。

◎文法教授の問題は左の如くである。

◎一、文法は語学の最初から教授して、之を基礎として言語教授をやることを、オルデンドルフ等の式の如くある可きであるか、又或る度迄言語其物を教授して其の材料によって文法を教授すべきであるか。

◎二、文法は従来の如く演繹的に教授すべきであるか。

◎三、普通の語学に於て帰納的の文法教授の必要ありやなしや。

◎四、其教授の時、程度は如何。

是等の問題に對する研究は極めて重要であるからして、一々之が研究を試さんと欲するのである。が是等の問題は互に相錯綜して居るから、便宜のために一纏として論せうと思ふ。

◎時期に於ける章狀は、範圍、作用、使用者、文法を說くための材料として、言語要素を形態まで教へる迄は文法の形式の教授はよくないと主張する。故に今日では文法のための特別の時間は、學習の初期にはあたへない。今日の文法書は、常規通則のみを說いて、特殊のものに限り、非實用的な不便の例外や、細目は之を除くのである。

◎一体生徒に授くるに適當の規則、並に此規則に例外（其人の所謂例外）を授けてはよくない。其人の生徒に記憶せしむべきものは、日常に起つて來る事實、或種の規則、等であつて、しかも、是等を具ふる說明し、文法自身如何なる科書から抽出したものたるのがよい。但し極少量の必要ある例外は交へてよい。組織的の文脈としては、最初に常態のものを出し、後に変態のものを提示するのは固より良いことである。然れども其後は其を同一の順序で文脈に親熟するを必要とするといふ事は必然的に伴ふ事ではない。

既に其を同一の順序で諸形式に親熟することは、言語についての文法上の知識に対して、幾分の便利を与へるといふまでであつて、却つて、其方法から受ける不利益も亦極めて大なるものがある。且不規則的の変化を用ゐないで適当の教科書を編むといふ事は到底出来ぬことである。従来の教科書が何等の意味のない個別の文章を用ゐるに至つたのは文法上の秩序を[illegible]れた結果である。且又規則的のもの許り交へると、不規則のものまでも、其の規則に當て、行かうとする様になる恐がある。

併し不規則なものを数へればかぎりはない。

◎文法の法則は極簡単である。且其の法則は、初学者位の頭ならば到底わからぬ位に六ケ敷しいものである。其故に文法を文法として組織的に授けるのは早過ぎてはよくない。少くとも読本の法則として之を提示するのはよくないと思ふ。スペンサーの Inventional Geometry と同じ様に Inventional Grammar といふものを作る様にやりたいと思ふ。即ち一二節読んだ後では、一回之を音読する、其時に特に、人代名詞に注意せしめて、其が文中より出て来る毎に黒板に書く。而して生徒をして、其を分類せしめ、又之を筆記せしめて、其法則を授ける。かくて法則を見出した後は之を他の例文に当てて、試して見る様にするのである。勿論教師は、今日はどれ丈けの法則を知らしめるといふことの範囲を定めて居て、あまり多くを一時に教へぬ様にせねばならぬ。かくて初歩の間は断片的に文法を教へて行くのである。

◎古い文法教授は法則と、例外とを挙げてスペンサーの所謂「子供の文法教授といふ馬鹿げた習慣」をなして居るのである。例へば数年間純正文法を学習した生徒で tense とか誤を躊躇なしに用ゐ得る生徒は極めて少数である。然るに case、object、tense、gender、other 等と唱へ得ない生徒は一人もないのである。之れ蓋し文法を文法として教授し、文中に於ける関係連合等に無関係なる反覆によつて、無思慮と無頓着とを養ひ来つた所為である。

◎併し組織的の文法は進んだ程度の生徒には必要である。之は既に断片的に教へた事柄を綜合しておく為めである。

◎然らば組織的文法教授の時期は如何。之れにつけて色々の説がある。が大概は中学第三四年位といふ説である。

◎以上は今日に於ける文法教授の大勢の赴く所であり、又識者の主張する所である。併し之に反對の意見が猶無きにしもあらずである。

スヰフトなどは

「今日では讀本、文典、練習書の三書を學校教科書の一般に用ひられる。而して其の内の文典では、讀本中に表はれる文の構成法とか、語尾の變化などについての説明をやつて居るのである。併し學新派の或者になると、之より一歩進んで、初學の時から全く文典を捨てるのである。而して其讀本中から文法的法則を抽出せしめんとするのである。この方法はスペンサーの inventional Geometry の如く教育上、種々の方面で試みられたものであつたけれども之は矢張り時間の浪費をまぬかれぬ。又勞力の浪費でもある。」

(り)て之と親類の一法として帰納的文典の方法がある。柳田文典に直に入るといふことは、吾人のやり得ることであつて、精神の発達してゐないもの、又一般的説明とか抽象的の記述を聞いてわからない者らは、個々的な又具体的の材料を要するのである。語学の段階の内では「文法前時代」といふ時期がある。この時期では文法を学ばないで、而して、唯短文、読方即文法の材料など与へらるべきである。子供に於ては此時期が相応してゐるのであるから子供には多少の材料を蒐集してから教師は其の材料を板上に書いて、其中の一般法則を知らしめるのである。又探らしめるのである。かして、かく一般法則の見出されたら、今度は其法則に当る例を最近に読んだ書物などの内に探さしめる。之が演繹的方法となつて来る。吾人の考では「文読説明法」は廃止せねばならぬけれども帰納的文法教授は将来であるかしと論じて居られる。

第九節

第一項、習字教材

◎習字について先づ考ふべきことは、字体である。理想的の字体は如何なるものであるかといふ問題である。之を抽象的にいへば書き易く、読み易く、並びに美的であるといふのがよい。今日の英語の方では natural slant といふ体即 spencerian と vertical との中間の如きものが最良といふことになつて居る。スペンセリアンは美的であるが書き難く読み難い。ヴァーチカルは読み易く、書き易いが美的ではない。ナチュラルスラントは書くのは、前二者よりも易く、読むのは、スペンセリアンよりは易いが、ヴァーチカルよりも少し難い。又体裁の上ではヴァーチカルよりは美であり、スペンセリアンに劣るのである。かくて大体に於て前二者に優つて居る。我国に於ては、前にはスペンセリアンが大いに用ゐられ、中頃、ヴァー

テクニカルか如何知られ、今後ナチュラルスラントか行はれて居るのである
指導教材について云へば教材は小学、大学の単独の文字としての
書方、連続した時の書方、其和の色々の書方を練習せしめ
ねばならぬし、又手紙、証券、広告文、其他、公私用文の
書式の一通も知らものを入る一つの事である。

第二項　教材の排列

習字の教材の排列は大抵の書物は最初は極めて簡單なる一書づつを教授して、漸次小文字の簡單なるものから複雜のものに、及大文字に移つて居る。又最初は單独な文字の練習を課し、漸次連續せる書方を練習する様にしてある。

又語から、句に、文に移る様にしてあり、最初は普通の文を唯一列に書くことを教へ、漸次手紙、記書、廣告等の書式に及んでゐる。之等の材料及其の排列は実に至當の事といはねばならぬ。

さて排列上更に注意すべきは、語及句、文が讀本其他の教科書、換言すれば生徒の既習の知識並に將來の知識と關係を保つといふことである。讀本の方面に於ては未だ過去の時を教授してゐないのに、習字の方では既に之が出たり、又讀本では手紙の書方が教へてないのに、習字では之が早く出て来たりしては、教授上徒爾なる勞力を費すことがある。固より讀本其他の教材と相關聯的に一定の豫算があって習字の方で早く出したり、又後に提出したりするのでなければ、何等の不都合はないけれども、無一定的に右述べし如き事があるのは不便の至である。

第三項　教法

吾人は之より教授法を論ぜんとするが、先づ教師の筆蹟に就いて一言の要がある。教師の筆蹟は正しくなければならぬ。教師が亂暴なる筆蹟を生徒に示して生徒に正しき書き方を要求するのは、　蟹が子供に横匍せざらんことを命ずると同様である。同一の理由のもとに吾人は教師の字体は生徒に教授するものと同一でなければならないといふことを論ずる。生徒はナタラルスラントであるけれども教師の用ゐる文字は直立体であつては、到底教授の目的が達せられぬのである。これは極めて六敷しい要求でありますけれども、習字は日本のでも教師のに似てしまふのであるから、至高の要求であらう。かく教師と生徒と同一の体を使用することにして、其の細密なる方法を講じたら教授の効果の挙ることは速である。

習字教授法上注意すべきは姿勢である。習字其物の上から、身体の上からも充分に注意せねばならぬ。又ペンの持方、運筆等についても、放任すれば意外の結果あるものであるから周密の注意が大切である。

又予備教授の方法として、机上に指頭を以て習はしめるのは有効である。西洋の幼稚園等では左指で書く練習もやらす様である。蓋し指頭の練習は字形、運字の大体の書方を知らしめるからである。

我が国字の習字には生徒を手を持って教へてやることがあるが、之はよくないか否か。今心理学の上からいふと有意運動の基礎としては無意運動が必要である。其故に生徒に運筆の方法を教へる方法として、他動的の筋肉感覚を與へて之を記憶せしめるといふことは、極めて有効なるものである。吾人は我習字教授に於てはなるべく多くこの手を持ってやるといふことを使用したいのである。併し之を外國語の習字に應用しては如何かといふのに、勿論之は應用したいと思ふ。けれども外國語の習字は其の字が普通に小さいからして充分には行きかねぬでもない。併し充分の注意を以て之を使ふ様にしたらよい結果を得るであらうと信じてゐる。

茲に尚一ついふべきは習字帳の語句文章である。之は生徒のあまり困難を感ずることなくして、其の讀方意義を了解するものであつて、而して之を取扱ふのは其の讀方を授けた後に書かしめる為にせねばならぬ。然らずんば生徒は折角外國語に接してゐながら、其を記憶することとなしに終ることが出来るからである。後に至つて理由は明になるが、材料はなるべく讀本と連結してありたいと思ふ。又習字の材料として作文を清書せしめ、讀本の文章を浄寫せしめることもよい事と思ふ。

第十節　分科の統合（理想の英語力）

以上吾人は外國語を各分科に別つて、之が材料につき又之が教授の方法につきて詳論して来た。併し吾人は外國語の教授はかくの如く分科別としてやるべしといふのではない。

革新以前の外國語の教授法に於ては、各分科を各別々に教授したのである。我國に於ても以前は其であったことは前に外山博士の文中にも見えてゐる。即博士は「從來の學校では英語の各分科の受持教員が別々であり、又其受持教員の學力も分科的であり、教師相互の連絡もなかったといふことを説いて大いに分科間の統一を計るやり方で教へるべきであると主張してをられる。博士の説明は中々詳細であって、如何に從來の英語の各科が孤立的であったかを伺はしめるのである。吾人の友人の一人の話では某學校で一人の教師が來て譯だけ教へて行くと、他の教師がやって來て音讀だけを教へて行くといふ風な教授を受けたといってゐる。かくの如き教授法は當を得てゐるか否か。思ふに言語は一個のものであって、之等の分科は其の方面に過ぎぬのである。其故に之等は一見分科として分ち得るが如くであるけれども、實は分立し得ないのである。綴字を離れて發音を教授することは困難である。文法なしに作文するのは困難である。其故に今かく分つとした所で各分科は甲乙互に相補い相助けて、發達し進歩し得べきもので、決して孤立しては發達進歩の見込の立たないものである。吾人は一團としての外國語力を養ふのを理想とすべく、又かく心懸けて初めて各分科の教授が行はれると信ずる。故に各分科について論じた様な方法を以て同一の教師が同一の時間に一外國語として教授することが必要である。文部省の英語教授法調査委員の報告書中にも、「習字の外は特に時間を分たず同時に教授するを本則とす」といひ、但書として「但し一時間内に於て若干の時を割き主として一方面の練習に用ふる等適宜斟酌することを得」としてある。又「聽方、言方、讀方、書方は各其の目を別つと雖も其の教授には互に相關聯せしむべし。此の連絡を保つため教授の材料はなるべく讀本にて授けたる語句又は事項と直接關係あるものを採るべし」といつてある。蓋し讀本を中心として、各分科を同時に教授せよといふのである。

かくの如く統一ある英語力を養ふのには、自ら、同一の生徒は一人の教師が受持つて、同時に同一の材料でも使つて、各分科の教授をすることが必要である。又文部省の英語教授法調査會の報告には左の通書いてある。

一、一學級ハ一人ノ教師ニテ担任スルヲ本則トス但外國教師ヲ交フル場合ニハ此限ニアラズ。

二、教師ハ互ニ連絡ヲ保チ教授上ノ統一ヲ圖ルコトヲ要ス。一學級ヲ數人ノ教師ニテ分担スル場合ニハ特ニ此點ニ注意スベシ。

三、主任教師ヲ置キ教授上一切ノ計畫ヲ立テシメ、他ノ教師ヲシテ其ノ方案ニ從ヒ教授セシムベシ。

四、主任教師ハ担任ノ餘暇ニ他ノ教師ノ教授ヲ參觀シ、又時々打合セ會ヲ開キテ批評協議等ヲナスベシ。

五、男女ヲ問ハズ外國教師ヲ置クヲ可トス。

六、外國教師ノ教授ハ特ニ他ノ教師ノ教授ト連絡ヲ保タシメ孤立スルコトナキ樣注意スベシ。

七、外國教師ノ担任ハ發音、會話等一方面ニ限ルベカラズ。教授方案ヲ授ケ各方面ノ教授ヲ爲サシムルヲ可トス。

八、一學級ノ生徒數ハ成ルベク少數ナルヲ可トス。

此調査委員の報告には讀本中心といふことはないけれども同一の材料について、各分科の教授をやるとすれば自ら一つの書物で教へることにせねばならぬことになる。讀本中心といふのは革新派の一項目として出て居る所であって我国の新派の人たちも之を賛成して居る。

言ふは易く行ふは難しいといふことは何所でも同じ事である。文理論的は容易であるけれども、實際が困難である。讀本を中心とするといふのも夫である。讀本にして各分科の時に各分科其々の要求があった。あの様なすべての要求を充す様なものがあれば結構であるけれども、之は望み難いことである。少くともかゝる讀本は之を將來に期待すべきであって今日は之を求めるに由がない。其故に今日に於ては讀本中心の美名のもとに、讀方以外の分科は大いに冷遇せられてゐるのが少くない。讀方以外のものは、書物よりも弱い信用を持ってゐる教師の、出たらめ式に教授せられて居るのも少くない所である。之は讀本中心主義でやることが極めて困難であるので、其之をよくやらうとすれば、教師は非常の努力と學力が必要であるからである。

併し讀本中心だからといって、他の分科の教科書は不用である、用ゐてはよくないといふのではないからして、出鱈目の教授をやるよりも、之等の教科書を挿入したり参考したりしてよく良い案的に各分科を同時に教授する様にすればよい結果があるに違ひない。教師は讀本を中心として之によってすべての分科を統一的に教へるのには、中々骨の折れることであることを覚悟して居る必要がある。併し之は現在として最良の方法であることは明である。

さて吾人は茲に統一した一團としての英語力を養へといったが、其所謂どんなものか。曰く、

一、英米人の話す簡易なる英語を理解し且つ之を理解せられる様に話し得ること。

一、同量の英文を讀み得ること。

一、同量の英文を綴り得ること。

一、殆んど同量を英語にて考へ得ること。

これ普通の英語教授の力の上の理想である。理想に到達する方便として、吾人は前に各学科の教授法を研究したのである。併し語学力の理想については更に後に一言する所があるからして彼此相対照してもらいたいと思ふ。

第十一節　教科書論

(一) 諸家の意見

上来論述せる諸要求を充さんがためには、教科書の良好なるものが必要である。故に吾人は茲に教科書論の一項目を置いたのである。

ジェスパースン氏は教科書について要求して曰く、

教材は、
(一)可感的意味を有して、聯絡の存すべきこと。
(二)興味あり、生々たり、変化あるべきこと。
(三)最初に最も必要なる材料、殊に日常語の材料を含有すること。
(四)正しき外國語たるべきこと。
(五)簡易なるものより、漸次繁雑のものに進むべきこと。
(六)文法上の難易てふことにのみ考慮し過ぎざること。
等の要求を充さねばならぬ。

此等番号の順序は要求の軽重によるものでない。思ふに此等要求に軽重の差等を定むるは困難であらう。而して若し此等諸要求相互の間に矛盾が生じたら、それは実際に於て調和を計るべきものである」。

ブレアル氏曰く、

「吾人の理想の讀本には外國人の古代並に現代の思想、生活を説明するものばかりを含ましむべきである。此の讀本は経験ある教師によつて、外國の特長に同情を持ち又特色に興味を持つてゐる人によつて作らるべきである。この目的は外人の思想の核を生徒に知らしめるにある。讀本は出来るだけ繪畫を入れるがよい。巻末に全体の語表と困難な語の音韻學上のツランスクリプション、並に語根上の参考等を加へるのは有益である。

此等の主義に合せざるのは近世語の讀本から除外すべきである。吾人は仏語及独語のモデルリーダーから下の如きものは除かんとする。'Battle of Marathon,' 'Chip and the Tale of Wright,' 'a sunset in the desert,' 'the Character of the Chinese,' 'Warren Hastings,' 又下の如き一般的の逸話は之を重んじない。

remarkable cleverness of a fox-terrier,' 'the boy and the serpent' etc. 之に反して下の如きものは大いに賛成である。'a trip from London to Paris,' 'a visit to the south of the Louvre or to the Rhine,' or to the Black forest,' 又は 'a speech by Bismarck in the Reichstag,' or a German school-treat,' 'a Jungfrau,' 'a Singerfest,' etc. 等

これ等のものは独逸語の研究者には必要であるのみならず、独乙の歴史、地理、生活、思想等の説明になり又比較論題の材料になる。

之等の材料の外に加ふべきものは下の如くである。

(一) 独語又は仏語で書いてある独乙又は仏國の地圖ベルリン及パリ府附近の特別の地圖。

(二) 度量衡貨幣の表之には自國のも載せる。

(三) 各國旗の圖、独乙仏國のエムブレムも入れる。

(四)階級、位階等の名、稱號。
(五)あらゆる種類の手紙
(六)略語

又曰く、

外國語研究の目的の一として吾人は單に其言語を學習するのみならず更に其國民の性格並に生活狀態についての知識を得ることを力めたい。從ってリーディングの材料は又此目的を高めることを目的として選擇せらるべきである。

適當の材料を非常の注意を以て選擇し且之を秩序的の順序に排列すべきである。

普通の事物の名稱が學習せられ、又簡單なる文章が覺えられた後には、プリーマーを始めるべきである。但し此本には最も普通の語詞と又よき繪畫とを入れるべきである。初からリーディングには其外國の風並に地理の材料を用ゐるがよい。其国語で書いてある其国の地圖を教室に掛けるがよい。中頃の程度ではよく作つた讀本が教授の中心をなすべきである。

高等の所では古典を用ゐるがよい。

ブレントン曰く

學年が進めば讀本は近代の著作物からの抜書がよい。一体讀本は二種にするがよい。一つは訳、文法、作文のために綫々と深く研究する方であつて、他の方は言語の真の意味を與へんために速に音讀する方である。

スヰート氏は、發音が既に充分に練習せられたら讀本に移るべきであり、而して此の讀本が言語教授の中心をなして、他の文典、辞書、其等のものは之の補助となるべきであることを説き、讀本は之を主題の上より分類すれば左の如く對比せられるといつてゐる。

具体的、客観的——抽象的、主観的
事実其儘、無趣味——想像的、詩的、理想的
普通、卑近——奇異、感覚的
少年——成人

而して氏は第一の方から始めて、第二の方に進むのが順序であるとしてをる。吾人も又然か考へるのである。

更に氏は記載の仕方の上から読本を三種に分けた。
(一)事物の記載、数学上の法則の如き、抽象的の法則の叙述
(二)叙事、譚、話、
(三)対話、会話、
之である。之等の混じたものは小説の類である。而して之等は文法上からも各その区別が立つのであって、之についても説明を与へてある。かくの如くにして氏は最後に読本著作の注意すべき点に

ついて左の諸点を挙げた。

(一)全体が統一あり連結ある一團をなして、其の間に語句の反覆があること。

(二)年齡學力によって其の長短を定めねばならぬ。

(三)前後の關係が確固であって、新語を生徒が前文から知り得る様にしなければならぬ。

(四)語詞の制限と選擇す、三千字位で充分である。

(五)最重要なるものを最初に出すこと。

(六)内容の親近

(七)語の簡約

(八)変化あること。

(九)形式の難易。

(十)興味あること。

又本邦に於ても教科書については古くから研究した人がある。崎山元吉教授は明治二十六年に「英語教授書」二巻を著撥し以て其の意見なる、欧米の讀本其儘を用ゐるのはよくない。本邦に於ては本邦人の為に作つた教科書によるべきである。又この教科書は独乙等で盛に行はれてゐる会話、作文より入るべきであるといふ主張を具体化した。又ブリンクリー氏も「語學独案内」を著し同一の意見を發表して居る。又外山博士も外國讀本の使用に反對し、其の反對の理由として左の数項を擧げた。

(一)英米の讀本は初等のものに在つては固より簡単の文章をば、て綴る所であるけれども、我邦の兒童の如く未だ英語を知らぬものに取つては簡単の度が尚ほ充分でない文章を初に置いてある。

(二)英米の讀本は既に英語に通せる兒童の為に作つた所だから反覆練習の法を用ゐてゐない。

三、本邦人にとっては長短難易の文章混合してあってよくない。
四、譯讀の変則に陥る傾向がある。外國語で會話することの出来るまでに至らないにしても、少くとも書物は音讀棒讀で理解し得ることが必要である。之が外國本では不可能である。長短難易が本邦人に適しない。
五、本國人には平易凡々のものが我には至難なることがある。
六、所謂綜合教授は之では可能でない。
かく批評したる後更に氏は積極的に氏の教科書論を発表してプレンダーガスト氏及ドレイス、ブリンク氏の方法に倣ふべきを主張し以て正則英語讀本を発行したのである。

此の両者の意見は渾然たる當時の英語界にとっては、實に暗夜の燈明であったのである。併し今日から其の書物を見ると、猶不充分なるものが少くない。其故に今日には氏等の書物はあまり用ゐられてゐない。然れども外國讀本其儘のものを最初から教へるといふことは、之から殆んど全くなったのである。兎に角非常に我が英語界に貢献したことは大である。今日では讀本は其國其國で作ってゐる様だが、其國で作った物には誤があって困る。我国では現在は讀本は大低自國のものを用ゐてゐるが、之等讀本は著者の教科書に対する、各自の意見を具体的にしたものであることは勿論であるから、少しく之について我國現時の教科書に対する、學者の意見を見やうと思ふ。先づ大に廣く用ゐられてゐる。神田氏の讀本について見るに、氏は序文に曰って居られる。「目、耳、口、手の練習はすべての時期に怠ってはならぬ。」と、かくて讀本は、アルファベット、發音圖解、長母音綴字、長母音綴字、大文字、羅馬字、發音練習を巻尾に擧げ、然る後に第一課に入っては圖と共に單語を出し、次文章、書方練習、文法、和文英譯題、綴字練習、書取としてある。文課によっては、宿題をも課けてある。朗讀本によって、各分科を教授し得るやうにしてある。而して文章は、初は短文であって、後には英米人の文章に移り、内容は最初我国にとり、後は外國のになってゐる。併し氏は此讀本の外に文典、作文の著もあるから、決して讀本のみを用ゐて、各科を教へるといふのではないらしい。

尚此外に岡倉、能本、其他各教授等の出版になる教科書が其後續々出てゐるが、皆大同小異で、其主義は讀本一冊によって、英語の各分科を充分に練習し得るやうにといふのである。

(二)吾人の意見。

同一の材料により同一の時間に一人の教師が、各分科にわたりて、教授するのがよいとすれば其に用ゐる教科書も唯一であることが極めて好都合である。唯一であるものを自然とするであらう。前に讀本中心は現在での良方法であるといつたが、實は吾人の考では讀本といふ語を用ゐることを欲しないのである。讀本よりもつと範圍の廣い書物を欲するのである。従つて其の書物を中心とするといふことを止めて、其書物で教へるといふ様にしたいのである。若し中心といふ文字を使用するとすれば其の書中の讀むべき部分を中心とするとでもいひたいのである。かくいふのは吾人は綜合教授の教科書として左の如き條件を充すことを希望するからである。先ず

(一)内容上からは、

積的生活上必要なる所有方面の事項を網羅すること。それは學問でいへば自然科學の材料、精神科學の材料のすべてを含むことをいふので、道徳、宗教、法則、文學、藝術、天文、地理、人史、其他等のものをいふのである。時所位の上から最も近いものから漸い遠いものに及ぶ

様に排列されねばならぬ。
趣味に富み日常生活に必要のものでなければならぬ。内容的に
な連絡のある排列をせねばならぬ。
（二）形式上からは、
読方の材料を含むこと、而して之は同時に左の如き諸分科の要求
を充し得ること。
必要なる語詞のすべてを網羅すること。
発音上、綴字上、記述の各分科の教法の時に論じた諸要求を充
し得ること。
前述の如き作文の材料となり得ること。
文法上の最簡単の法則から最複雑の法則に至るすべての法則と例
外をも含むこと。
又前述の聴取書取の材料となり得ること。

之取扱の言語上の要求を充たし得ること。

發音及綴字のために、印刷の上に工夫を致したり繪畫を加へたり、表を入れたりすること。

作文及文法のために文章の構成法其他のことを知らしめる為に印刷上の工夫、並に圖解の類を挿入すること。

形式上の排列は円周的なること。
(三)教授法の上からは
各分科の教授法の時に論じた様な教法を実用し得るものであること。

此等の要求は抽象に過ぎて居るから、那辺までのものを要求するのかは明でないが、熊本氏の讀本や岡倉氏の讀本やら塩谷氏の讀本やら其他新しい讀本の特長を合したものが出来ればよいと思ふ。併しこれは事極めて困難であって、之が著作は一大努力を要することである。

かくの如き考であるからして、吾人は直に外國の讀本を用ゐる昔日の流義は取らぬ。けれども一の應用の材料としては之を採ることを希ふのである。かゝる教科書の編纂は自國語に精通し且外國語に精通してゐる人の能くする所であって、吾人は唯理想をのべたに過ぎぬ。

第十二節　語學習得の心理的過程

（理想の英語力）

スヰート氏は言語の學習には連想と記憶の心理によるべきであるといって、連想の方では、

第一、最も屢々現はれ又最も必要なものを第一に出すこと。

第二、相類するものを共に出すこと。
第三、相似たるものを共に出して、その移行に苦労がなくなるまで練習すること。
第四、連想を可及的正確にすること。
第五、連想を直接的且具体的にして、間接的、非具体的ならしめぬこと。
第六、十字連想を避けること。
の要件を注意してやるべきであり、又記憶の方では、
第一、反復、第二、興味ある方法を用ゐることが大切であるといつて、語學學習の進程を五段階に分ち
第一は器械的の時期、
第二は文法の時期、
第三は慣用語句の時期、

第四は文學の時期、
第五は古文學の時期
としてゐる。
ハウスクネヒト氏は言語上の知識を得る順序として初めは一つ一つの事項を理窟責めでなく朧げながら知ることから進めて、次に意識的にその規則を知得するに至るべきものであると論じてゐる。
(一)無意識的に言語上個々の事項を覚ゆる階級、
(二)個々の事項を意識的に知得すると共にそれに通ぜる規則を無意識的に覚ゆる段階。
(三)規則の意識的知得
の三者を揚げた。

以上學者の説を見たが、吾人も亦外國語學習の過程を心理学上から研究して見ると大体四期に分つことが出来ると思ふ。

第一、器械的無意識的收得の時期、
第二、意識的收得の時期、
第三、意識的活用の時期、
第四、無意識的活用の時期、

所謂第一の器械的無意識的收得の時期といふのは發音や綴字を器械的に反覆して收得する場合やら、又無意識に文法を覚えて居る時期をいふのである。他の言を用ゐれば注入主義の時代である。

第二は發音にしても、綴字にしても、又文法にしても、どういふ風に發音するとか、どの字の前にはどの字は綴られることがないとか、どの語はどういふ風に形が變るのであるとかいふことを一々に意識して覚える時期である。

かくの如く收得して來れば、之を活用するのには今度は意識的に活用する時期が來る。例へば此語は文法上三人稱の單數の現在であるから、かう用ゐねばならぬ等と一々意識して用ゐる時期である。一言でいへばドギマギしながら使用し、又考へながら活用するの時期である。

然るに之が進んで來ると、無意識に活用する樣になる、出せば直に矩規に合した外國語が出來るといふ時期である。否むしろ外國語で以て思想するの時期である。これは外國語教授の理想の域であつて誠に之によつて外國語教授は眞に成功したといへるのである。此の理想の域は換言すれば其外國が第二の自國語となつた域である。即外國語が第二の天性となつた域である。第二の天性は習慣である。習慣は反覆練習によつて成る。

然らば外國語の教授のこの理想の域に到達するのには練習反覆が極めて重要であることは明かである。以前に吾人は各分科について種々詳細なる教授の方法を論究したが、之等の方法は反覆練習するに於て、其の効を奏するのである。如何に方法は立派であっても練習反覆の不足な所には良果を得ることが出来ぬ。練習なくして外國語を收得せようといふのは木に緣って魚を止むるの類である。内村鑑三氏が、「吾人之を語學と稱するも、言語は之習慣にして學術にあらず、故に完全に之を學ぶの法は是に慣るゝにありて、之を文法的に究むるに非ず、外國語研究の法は單に實習の一事に止まる」といったのは吾人のいはんとする所を合して居る。

第十三節　英語科學級編制論

以上敍述せし所によって、英語科教授に於ける吾人の理想、並に之に到達するの方法の概略を叙べたが併し尚其方法についての幾多の実際問題がある。即學級の編制問題、教師論、担任論、教授細目論、教案論、設備論、生徒學習法注意等之である。其所で今先ず學級編制を論じて見やうと思ふ。

學級編制について先ず考ふべきは、一學級の生徒の種類を同程度の學力のものばかりにするか、又は色々の程度のものを混合するか、即ち同一學年の生徒のみの學級所謂單式にするか、又幾學年もの生徒の混合した學級所謂複式にするかである。小學校では複式にしてもよいといふ法令が出て居るけれども吾人は、複式に反對して單式に限るといふのである。何となれば複式では前から吾人の論じて来た理想も達の方法を距ること餘りに大きいからである。

かく學級を單式とするか、其人數は何人位がよいか。之について吾人の經驗もあるが、先ず他人の說と施設とを伺って見やう。吾人は嘗て津田梅子女史の女子英學塾を參觀したが、同塾では一學級の生徒數が極めて少く、多いので十四五名であった。而して教室から云って小い。吾人の如き常に四間に五間といふ様な廣い教室でやって居る者には、一寸驚いた位である。教室が小く、生徒の數も少い、何だか変の様であるが、之が女史の意見のある所であって、女史は外國語教授に於ては一學級の生徒は十四五名を超へてはよくないといふのである。此人數の上の意見が確立して動かないのだから、教室の大さも大にするの必要がない。之は餘談であるけれども私立の學校等では可成的多數の生徒を養成せんことを希望するのであるから教室等も成るだけ大きいものを作つておいて來る者はいくらでも入れる様にするといふのが往々あるけれども、女史の確信の強きことは建築の當初にかくの如きものがある。

女史の塾の發展は人數の上を望まないで、生徒の實力の上を希つて居られるのである。ベルリッツの學校の學級の人數は七八名であることは前に述べた。吾人は十四五名がよいと信ずる文部省の調査會の報告に言ふ教授の事の内に、「一時限の教授に於て、各生徒をして一回以上は必ず發言せしむるを可とす」といふことが書いてある。之は現今の中等學校の教授に對しては極めて必要なる言であるが、之が然かく必要であるといふのは、一學級の生徒の數が多いからの事であつて、生徒數を十四五名位にすれば、かゝる注意は無用となるのである。

吾人は抽象的に十四五名かよいといつたが、其理由はそれより多い。多くても又少くても上來叙べた樣な色々の方法を使ふのに不便であるからである。あまり多いと練習するのが行渡らぬし、あまり少いと到底生徒は動作をするのかゝるのといふ方法まやりにくいからである。

第十四節　英語科教師論

①前に論じた如く一學級を編制した上は何人が之を担任して教へて行くかといふことになる。併し之を研究するに先ち、吾人は外國語教師論をややって見たいのである。

②現在を見ると我國の外國語の教師には外國人と日本人とがある、外國人には日本語を解する者と然らざるものとがあり、日本人には洋行して来た人と然らざる人とがある、又外國人にも其専門の学問が色々になって居り、数学専門の人が日本で英語を教へてゐるの例が実際ある、又日本人にして洋行した人、とせぬ人の内にも共に語学を専門に研究した人と、否らざるものとある、実に千差万別である。併し中等学校ことに中学校では九分九厘までは日本人の教師であって一校に一人づゝ外國人を雇って居り、而して日本人は大抵は日本で外國語を比較的に深く研究した者である、高等教育になると外人も多く又日本人も

大抵は洋行して専門に諸学を研究した人である。若し其れ初等教育に至つては大抵はあまり深くない日本人が教へるといふのが常である。

それなら外國ではどんな教師が外國語を教授して居るかといふに

「独乙では近世語の教師は殆ど皆独乙人であり且つ一般に自分の職務に對して極めてよく修養を積んで居る、

独乙に於ける教育に養成の概況を見るに各所の官立の大學に在つて、近世語を研究せんとするものは皆中學校又は實科中學校の卒業生である、教師となるには少くとも三年大學で学ばねばならぬ。併し近世語の教師となるには之は少し寛大になつて居る。けれども多数の近世語の教師は大學の訓練に四年乃至五年を費して居る。かくて大學では哲學教育學、独乙語及独乙文學は必ず兼修する。尚之に上級免許状を受けるには副專修科目として彼等は実用的の語學力の收得に大に重きを置いて居

ⓒ さて我國の中等學校の語學教師としては大學の出身者、高等師範の本科英語部の卒業生、同英語專修科の卒業生、が國語學校其等の卒業生及檢定試驗合格者である。而して形式上其の最も正則なる養成を受けたものは高等師範学校の本科英語部の卒業生である。彼等は修身、教育、國語、漢文、歴史哲學、言語學等の直接及間接に英語教師となる爲に必要なる學科を履修して居るのである。

ⓓ 吾人は独乙に於て又我國に於て近世外國語の教師の大部は自國人であることを見、ことに独乙のプロイセンに於ては外國教師雇入を禁ずるの注文すらあるのである。其れでこれでこれに依って研究せうと思ふ。吾人は外國人の日本語に精通して居り、然かも其の外國語を專門に研究した人であって、其國語を外人に教授するのを目的として居るが如き人があったら、之が一番よいと思ふ。何となれば其人は其國語に充分

の知識を有し且之が教授上の修養をも致して居り、其上に他國語の知識もあるといふからである。假令英國人であつても英語を特に研究しない人間では不充分である。数学が専門である様な人に英語の教授を強いるのは無理である。又よし其の英語の研究をやつた人でも、之を外國人に教授するといふ目的の人でなければ効が少い。ここに外國人に教へるのには両國語の相違をよく知つてはじめてよくやれるのであるから、外國語に精通することは望またい。これは望むべくして得難い注文であらう。其故に吾人は其次として外國語教授の目的のために外國語を研究して、自國語の知識もあるといふ人を望むのである。之に相当する人を得るには矢張優良なる人で外國に留學し、語学を研究してきた人が一番である。之は望み得又得能ふことである。現に高等の學校では之が実現してゐるのであるから、我國民の発展の今に幾位するの秋には全國の中等學校初等學校はかゝる語学の教師をもつて充されるであらふ。併し之は遠き未来に屬することである。其故に現在では、我國人の及ばざる所を外国人によつて補つて行くといふ方法として、外人を雇入して我国人と共力して行くが一番よい。所が從来この外人教師の利用の仕方があまりよく行かなかつた様で、ために外國人の時間といふと、生徒は逃げることを考へたり。甚だしきに至ると、外人教師の時間に他の學課の勉強をやつて居ると云ふ様なことがあつたのである。蓋し從来の外人教師の用ゐ方は單に會話丈にやらしたり、單に発音丈をやらしたり。又作文丈をやらさず等といふやり方であるた。而して又我国の教師は外人教師のやる所は全く任せておいて、何をやつてゐるか一向に關せずといふ風をしてゐた。其がために外人教師の教授は往々にして いはゆる出鱈目発音教授、出鱈目會話教授、出鱈目作文教授となつたのである。これは元より外人教師其人を得ないといふことも勿論であるけれども、我国人教師の態度も当を得てゐないのである。吾人はも又この出鱈目教授のために大に貴重の時間を空費したことがある。其故に文部省の調査会の報告にて外国教師の教授は特に他の教師の教授と連絡を保たしめ孤立することなき様注意すべし」といひ又外國教師の担任は発音會話等一方に限るべからず、教授方案を授け各方面の教授を受けしむるを可とす」といつたのは実に適切である。外人教師の利用法は大に考究に値すると思ふ。吾人は発音読方教授に於て外人と日本人と二人して教授して、日本人が発音読方のやり具合を説明して外人教師に発音せしめ、読方せしめたことがある。即これは外人教師を一つの器械に使つた如き観があるけれども中々に有効である。又日本人で一週間教へた所を外人教師に復習をやらすもよい、其他自由会話、自由作文等の担任、添削等は大にやつてもらうべき部分であらう。

第十五節　英語科担任論

◎學級担任問題についての理想は前述の如き理想的の教師一人に委せねて、其學級の生徒の初期から卒業まで教授せしめることにある、併し之は唯希望に止まるのである。少くとも現在に於ては一學級の生徒の教授を在學中一人の教師に委ね得ることは極めて少いのである。併し吾人のいふが如く一人の教師が一學級を全く引受けるといふこともやつて居る學校が無いではない現にあるのである。一体我國の中等學校では各學年が二三學級に別れてあるのが普通である。つまり一つの學校に一學級から最高の學年迄の列が二つも三つもあるのである。其故に各年級が甲乙等と別れて来る。其で學級担任にして甲なら甲の教師が縦に持て行くか、一學年の甲乙は甲の教師が持つて行くかといふことである。之は教師によるが、或学校では前者により、或学校では後者によつてゐる。之は單に教授上からのみ論ずることも本来の問題で、学校からいへば縦に持たしめた方が、為になる。之は訓育

上からである。教師からいへば其學校の全過程がよく知れて都合がよ
り、併し此担任は中学校等では出来ぬことである。然らば学年
單位で担任するのは如何か。これは教師の豫習等が極めて少くなつて
充分の準備が出来る。また学年全体の学力の統一に都合がよい
けれども、学校全体の英語科についての注意が減じて来る。全体の学
年の訓育といふことに眼をとどけることがやり難い。併し之は大低やつて
居る所であらう。何れにしても教師さへ充分であればよい。前の方法
では所謂生徒を持上がることが出来ぬけれども後のには持上るか
どうかである。之れは教師が完全であると仮定しての事であるから
持上つた方が無論よい。持上りといふことについては議論があるが、先づ
普通の教師にならば持上らした方が都合がよいと思はれる。自分一人
で仕上げるのであると定まれば教師の意気も異つて来るし、此一人の
教師に仕上げてもらうと思へば生徒も気が異つて来る。のみならず此

徒の知識の統一といふ上からは大に都合がよい。けれども之と同時に教師の弱点を傳へる弊がある。其故に或學者は小学校ではよいけれども中学校では第一学年と第二学年位迄は持上つて、第三学年以上は二三人の教師が受持つて分化の中に統一を得るといふ様にしたらよいといつて居らるるのである。

(ロ)さて前述の所は教師が不具なる学力の人でない場合と仮定しての論であるが、不具なる学力の教師があると仮定したら如何するか、理論からいへば不具の点ある教師をして今日の語学教授に当らすことは誤まれる中の誤まれることであるけれども、實際にあるとすれば致度がない。不具なる教師のある場合には、英語なら英語を分科別に担任するより方法はない。而してかくの如きことをやることが生じた場合には教師相互間は充分に連絡をとつてやらねばならぬ。然らずんば到底前に論じた如き理想的の語学力は養ふの的はないのである。而してかゝる分科担任となると、主任教師といふやうなものは大に努力して連絡統一を計らねばならぬ、長岡擴氏はこの主任といふことについて論じて左の諸項を掲げて居られる。

一、主任教員は一方では教科書の研究会を開いて次週に教授すべき部分を各担任教員に講読せしめ発音解釈教材の取扱方等を相談して教授に誤ない様にし又教法に脈絡の保たれる様にすること、

二、主任はほとんど他の教師の指導者になつて毎週教師の研究会を開いて、之を中心として教師の研究心の発作を促すこと、

一、主任は隔週に一回位は各学級の授業を参観し又自分も他の教師の立会のもとに授業して教法の批評、研究をやること

一、主任は各学級の試験問題を定めること。

これ等は極めて有効なる活動である、併して之をやるのには主任教

教師は部下の教師が服する丈の学力と徳かなければならぬ、之も氏がいつて居られる所であつて之あるの人にして此活動が有効となるのである。

第十六節 英語科教授細目論

○英語力の統一的のものを得るの方法としては学級単位の担任必要である。教授打合会も必要である。而して茲に説かんとする教授細目も亦大に必要である。教授細目は当該教科によつて差異ある所の学力の予定である、教授細目の編成は教材によつて別があるけれども語学の教授の教授細目は成るべく詳細精密でなければならぬ。或科に於ては題目を記載しておけば足るものがある。けれども語学の教授細目に至つては決して、然る簡單を許さないのである。然るに従来は往々にして頁数を示して細目としたものがないのでなかつた。吾人の現に知る或学校の細目の如きは甚である、かゝる細目は教授の上に殆んど何等の効がない。一体細目は其科に於ける縦と横の連絡を示して効があると思ふ。或一材料が出て来れば其と関係する他の材料は何所に何時出て来るか、将来は何所にあるか、過去には何時あつたか、又現在はどこにあるか、之等のことをよく明示しなくては、教授案を立てる時の役に立たぬのである。ことにこれは語学の如き、分科に分れるもの、更に其分科を数人にて担任するといふ如き場合に於て必要であらう。世間には教授細目は一二年教科書を教授した上でなくては作れぬといふ人がある。これは勿論一理ある。けれども其一二年間の教授は真に教授ができるのであらうか。吾人は其の一二年間の教授は暗であるまいか、即無案のものであるまいかと思ふ。真の教授は充分の意識を以て立案した方法によるべきである。真の教授は教材の教科中に於ける位地と他の教科との関係を明にして初めて行へるものである。然るに之等を示す教授細目を作らずして、教授細目のために一二年間教授するとは前後を後前にしたものである。故に教授細目は教授の第一歩である。之なくしては教授することは不可能な理である

第七節 英語科教案論

教授はすべて意識的でなくてはならぬ、而して教授をして意識的ならしめるものは教案である。殊に外国語教授の如きは一層の意識を必要とする。故に教案の要も又一層甚しきものがある。教案にも色々ある。腹案といって、案の大体を成文にせずして唯念頭に止めて置くのもある。又成文であっても略案といって、大綱丈の立案のものと、密案といって精密なのと週案とて一週間分を一時に作るのと、日案とて一日分を作るのとある。而して或人は腹案で結構である、腹案は案に拘束せられぬから、自由でよいといふし、或人は成文案ことに密案であり、日案でなくてはいかぬといふ人がある。又其他立案の仕方も主張

すべ人もある。併し吾人は前説中の後者をとるのである。吾人が之迄のべた如き理想を以て、又方法上の要求をもって、聴解力を養ふことは、到底頓案といふが如き漫たるもの通案略案といふが如き、粗雑なものでは徒爾だと思ふ。略案等では仮令の大家であっても日本人では教授時間の中には往々誤った発音をしたり、誤った構造の文を作ったり、又少さい生徒に問ひ詰められる如き事があるのである。其故に其巨大に於ては推して知るべしである。又通案等では其一時の授業は可なり行くかもしれぬけれども最後の時間の授業等は頗る危険である。所謂無案に等しい教授になるのである。一二分間前迄充分に考へてゐた方法でも実際教場では使ひ誤ることがあるのである。其を一週間も前に作った儘でやらうといふのは無理である。通案の性質として一時間毎に充分に考案を週さぬつもりのものであるから、之はいひ得る弊である。他の材料でも一分間も徒に時間を費さぬ様にと思へば充分に原稿を作って行ってやる必要がある。即密案の要がある。況んや教師自身にすら困難である外國語の教授に於てをやである。

ⓒ如此本科の教案は成るべく精密であるべきであるが、さて立案について先づ考ふべきは、教授の段階である。即ち一時間の教授も如何に進行さすかをいふことである。故に今少しく之について吾人の意見をのべて見やう。

第一項　教授の段階

ⓓ吾人の前述せる所が果して正しいとすれば、一時間の外國語教授の時間の使方は如何にすればよいか。いはずもがな練習に重きをおくべきである。今一時間の時間を四十五分として吾人は左の如き段階を立てる。

一、復習……………十五分

二、教授 (一)豫備 (二)提示

(四)比較
(五)概括
(六)応用 ―― 二十五分

三、練習 ―――――― 十分

(b) 謂ふ所の復習は前時の教授事項の復習のみでなく更に以前の既授の一部の復習をもするのである。故に之が方法は或は言方によることがあり、或は聴方によることがある。或は読方、書方によることがある。或は全分科に亘ってやることもあらふ。併し其何れによるかは其材料或は目的によって定まるので教授者の予定は充分の意識を以て定めらるべきである。

(c) 第二段教授は当時間の新材料教授の段である。之を更に数段に別けたのは全くヘルバルト派の段階を移しただけであって、あまり重きを置くのではない。要は唯吾人が前述した如き方法上の要求を充すの如き方法で教授すればよいのである。
最後に練習なる階段を設けたのは当日の材料を生徒の物とするがために反覆練習することが目的である。以上の如き意味を持たして復習に十分間練習に五分間を費し餘り二十五分を新教授にあてたのであるが、かく三段の階を立てたからといって常に此の三段を厳守して練習は第二段がすんだ後にやらねばいかぬとか復習は常に時間の始めにやらねばいかぬとかいふが如き拘泥をしてはいかぬのである。大体としては表の如き順序によることはよいと思ふけれども此三者は各混合してやった方が大に便利である場合が多い。例へば吾人が後に掲ぐる教案の如くである吾人が何故に如此復習を練習と共に多大の時間を充てるかといふ理由は今茲にのべるの要はあるまい。

第二項　教授の様式

一時間の教授の過程を前述の如く定める　さて、其のやり方は

先ず

如何にするか、即ち様式は如何にするかである。

一般の教授の様式には種々あるがウヰルマン氏は左の如く分類した。

一 受領
- 指示教式（直接）
  - 目前指示教式 Vorzeigen
  - 目前示範教式 Vormachen
- 叙述教式（間接）
  - 口述 Beschreibung
  - 物語 Erzählung

二 理会
- 各目的理念
  - 訓話教式
  - 講義教式 Erklären
- 実質的理念
  - 発展教式 Entwickelung

三 応用
- 課題 Aufgaben
- 発問 Fragen (conversational method)

此表は教式のすべてを含有してゐる。吾人が分科の教授上で要求した所は此表中にすべて含まれてゐる。然らば之を如何に用ふるか。この事は全く教材の性質と時間及生徒によつて定るべきである。甲の教材は指示教式に依るべく、或は甲教材にして此式中の数者を併用し乙にても又同様のことを必要とすることもあらう。蓋し外國語の教授にはアリエン、即ち文物教授の如き材料教化的の材料もあり、又発音等の如き、形式的の材料もあるからである。又更にいへば練習に用ゐるのと新教授に用ゐるのと、復習に用ゐるのとは、同一の材料についても様式を異にする必要がある。如此様式は到底一律に定めることができぬ。其故に教案を立するの時にはよく何れの材料は何れの式によつてやるかを予定することを極めて大切である。若し此の予定にして不精密である時は、教授は到底進行することが出来ぬ。ここに今日の如く外國語教授法が大に複雑をなつた時に於ては然りである。

⑨尚ここに序に一言したいのは、かゝる様式と共に教授上に用ゐる言語の一事である。教授上には成るべく其の外國語を用ゐるといふのが現今の傾向であることは前述の通りである。従つて一時間中に外國語を何時幾何

—426

用ゐるか、又日本語を何時、何程用ゐるか或は日本語は全く用ゐないか。之等のことは予定して置く必要がある。曾て或人の教授を参観したが、教授の初の間には教師は全く英語を用ゐて居た。然るに教授の進行と共に之を用ゐることは其の度を減じ、最後の方では全く日本語のみであつた。然して後に日本語でいつた言語は初には英語でいつてあつたのである。之によつて考へると其教師は此両語の使用方について具案的でなかつたのである。これはよくないと思ふ。故に之についても充分に具案的でありたいと思ふ。

第十八節　英語科設備論

◎英語教授を若し、吾人の所説の如くやるとすれば大いに之が為に設備を必要とする。従来我國に於ては英語教授のために大に設備したといふことを聞かぬ。之は斯学教授上大に残念のことである。且其結果は終に今日に及んで居る。何となれば従来の英語教授に於て設備をせらなかったために、今日もなほ多数の人には設備は不用と考へられてあるからである。然らば今日如何なる設備を要求するかといふのに、吾人は（一）教室、（二）研究室、（三）教具、（四）図書、とするのである。今一々こ等について述べて見やう、

一、教室、

中等学校では学科別の教室制を取ってある学校には勿論英語教室があったし、又現にある。併し学級別の制をとってある学校には英語教室をいふ特別教室のある学校は殆んど無かったであらう。否現今

てでも極めて少数であらう、と思へる。吾人の意見では英語科専用の特別教室を是非に作りたい。又若し學科の制の學校であれば吾人が下に敘べる所のことを充し得る如きものを欲するのである。さて吾國の中等學校で特別教室としては理化學博物習字、圖畫、音樂、体操等が普通に設けられるのであり、之に地理科、歷史科等も設けられる處が間々ある。思ふに之等の學科は皆特殊のものであって、特殊の仕事をやるからである。所が英語科は如何、唱歌もやる、習字もやる、運動もやる、標本もある、地図もある圖畫も描くのである。即ち英語科は前述の如き、諸科が特別教室を要求しておる一つ一つの理由を全部有つておるのである。其故に之等の學科にして特別教室が要るとすれば英語科は數個の特別教室を要求する權利があるのである。然るに從來は一つの特別教室は与へられなかった。之は要求せなかったのでもあらうけれど英語科は冷遇さられてゐたのである。吾人は切に此の冷遇を止めてもらひたいと思ふ。而して、ら特別教室を作るとすれば、どんな設　を要す　一つ案として見やう。

(一) 孤立の一棟にして学校内他の教室より遠ざかり、又学校外の音の防害を受けざる所たること。

(二) 大さは生徒の列間其他に通行動作の可能なだけの余裕を存し得ること。

(三) 喚気採光に充分にして、ことに採光に注意すること。

(四) 床上には音のたゝざる様適の敷物を布くこと。

(五) 喚気、採光に差支なき限り四周に黒板を設くること。

(六) 別に記するが如き図書、其他の教具についての設備あること

二　研究室

(三) 中等学校に於て英語の特別教室の有る所が従来殆ど皆無であったといふのであるから、吾人が茲に掲げた研究室といふやうなものは勿論皆無である。所謂研究室とは何であるか、之は他の学科の方に往々在る所の準備室とか標品室とかいふものに生徒教師英語を研究するのに便な様な設備をしたものである。之は如何に設備したらよいか、例によつて吾人の要求を書いて見やう。

(一) 前述の特別教室の隣に位置すること。

(二) 大さは後に記するが如き設備をなし得又一学級の生徒を入れ得ること。

(三) 換気、採光充分なること。

(四) 床上には音立たざる様適当の敷物をなすこと

(五) 数面の小黒板を設くること。

(六) 教授上に必要なる図画・実物、標本、模型等を備へことに室内を装飾して、英米人の書斎の如くなし教師生徒共に此室に入れば自ら英米に在るが如き感の起る様にすること。尚室内では成るべく英語を話す様にすること。

(七)他校、並に自分の学校の生徒の優秀製作物を備付けて奨励の資とすること。

(八)研究に必要なる新聞、雑誌、図書を備へること。

(九)必要に応じ教師は此室に於て教授することを得る様にすること。

三 教具

従来は英語科の教具としては唯辞書の二三冊位があげられて居つたのであるけれども吾人の意見では理化、博物、図画、地理、歴史、家事、音楽、習字に必要とする教具の悉皆を要求するのであつて、而して其理由は今述べるのは蛇足を加へることとなるから止めておく。今之

を一々あげることは不可能のことであるから、大体の項目で満足しておかう

(一)発音の方法の説明に必要なる図画模型の類、

(二)発音、綴字、読方、習字、文法、書方等の教授に必要なる掛図

(三)教科書中に現はる、新語の内容を示す、実物模型標本絵画、地図の類

(四)教科中の物語等の内容を説明すべき絵画の類

(五)教科中の挿画、其他表類の拡大せる。壁掛図

(六)英米の山川草木、風俗、重大なる歴史上の事実人物等の写真絵画の類、

⓪英語科と他の学科との関係

吾人は上来英語教授の方法を英語科其物の上から研究して来た。併し小学校及中学校に於ての教科目は英語科以外に極めて多く存在して居る、此故に英語科の教授を完全に効果あらしめるには、英語科自身が大いに努力して居るのみで満足することは出来ぬ。必ずや他の諸学科と連結を保って行く要がある。然らずんば英語科の進歩を鈍くするのみならず、往々にして害を自家の上に、又他家の上に来す憂があるのである。故に吾人は茲に本章を設け、一々他科との関係を継述せんとするのである。

第一節　國語科

③英語の教授には前述の如く種々の分科がある。口語教授も亦話方、読方、綴方、書方、文法、教授と分れる、國語と英語とは形式に於て、先づ文字を異にし、また彼には文章語と口語との間に

差なく、我には之有り、従って彼には文法と語法とは同一なるも、我には文法と語法の間に差あり、故に我には文法教授と共に語法教授あり、尚又其内容に於ても異同は論ずるの愚なる程明なるものがある。

國語教授は言語教授である、故に英語教授と其目的を一にして居る。

◎以上論ずる如く英語教授と口語教授との間には極めて密接の関係を有って居る。吾人は是より稍詳細に兩者の関係を説かう。

◎一、發音アクセント及びスペルリング

發音教授に於ては口語の發音と比較して、其異同を明示し彼我の發音を混同せざらんことに努めざる可からず。

スペルリングの教授に於ても先づ英語として其の音の儘に我國に通用する語例へばペン、インキ等より教へるものも便利な事がある。

アクセント教授も亦口語中にある同一の發音にしてアクセントの異るより、其の意味を異にするものから、道なりてアクセントの性質を了會せしめることが必要である。然る時は國語のアクセントに対する観念を明瞭に意識せしむることも得て一擧両得となる。

◎二、讀方

○讀方に所謂リーディングと講解とある。英語は言文一致なれば、彼の読方《リーディング》即ち話方である。故にリーディングの教授に於ては、教師はよく此點を生徒に意識せしめ然る後口語の話方に於ける緩急、休止、抑揚高低等より英語リーディングの其等を比較説明して授くることに注意せねばならぬ。由来我口語教授に於ては、従来話方及び朗読につきて英語に於ける如き系統的の研究がなかった、従って口語教授に於て之等に対する注意は殆ど全く観過せられたる観がある。故に英語に於けるリーディングの教授はまた口語科に幾多の暗示を与ふるものである。

○読方の他の一方即ち訳読につきて少しく論じやう。英語教授に訳読法を用ゐるの可否については既に吾人の研究せる所 而して其は英語教授上の一方法であるから、此の訳読と口語教授と如何に関係し、また関係せしむべきかは、大いに研究すべき値がある。

○各口語の単語は夫々特有の意味を有し、最も近き二外国語を取来るも、猶其内包外延には出入あるを免れぬ。英語と口語とも亦然りで、譯読は極めて困難である、然れども最も近き訳語を見出すことは決して不可能でない。又一単語は一単語にて訳せざる可からずでいふことは勿論なり。けれども生徒の口語の知識は最も近しとして選定せる訳語を解するや否や疑問である。故に訳語は先づ生徒の口語科の智識を考へ、其の範囲内に於て最も近きものを採用せねばならぬ。故に英語教授に於ては常に生徒の口語の知識を省かねばならぬ。訳語の最近きものすら猶彼此口語の間に内包外延の差ある上に、更に訳語を生徒の知識内に限らば最も適当なる訳語を授ることも能はざる事あり、かくの如くんば訳は益々彼の語々の意味を遠ざかる事となる、これ望ましき事でない。故に止むを得ざる場合には生徒の知識外の口語を以て訳せねばならぬ。此の如き場合に於ては英語教授は口語教授の豫備的補助をなすものとなり、而して前の場合の如きは之に対して口語教授の応用的復習的補助となるものである。尚前述せるリーディングの教授も國語教授の豫備となり、また應用となり、復習となる点に於て訳読の場合と等しき関係を有って居る。

○英語には普通の文章あり、美文あり、韻文あり、また俗語あり、雅語あり、又時代によりて其文体自ら異なる。之等に対して最も近き訳語を求めんとせば、口語の普通の文章、美文、韻文、俗語、雅語、時代時代の文とを以て訳せざる可からざることゝなる。元より此の如きは有為なる教師にして為し得る所であるから一般に望み難い。併し苟も英語を教授せんとするものは可及的此の要求に近くの覚悟がなければならぬ。而して此を実際に行ふには先輩の筆になる訳文訳語につきて充分の注意をはらはねばならぬ。かの訳語選択の困難なる餘り口語に無き新熟語を作る如きは実に口語を忽にするものにして、口語を破るものである。

○尚譯読の際我口語の文法を無視して一種世間に通用せざる文章を作りて得たりとするが如きは甚だ悪むべき事である。口文法と英文法の比較は訳読の時に忘れてはいかぬ。

◎三、話方

話方は発表的方面である。之は文法によりて支配せられる。故に之等の教授に於ては英文法と日本文法の異同及び両者の特徴につきて注意し互に豫備となり、應用となる様に心懸けねばならぬ。

会話及び演説等の材料は口語科中のものを採用することがよいことである。

◎四、綴方

綴方は別ちて二となす、一は生徒の思想感情の自由の発表にして所謂自由作文である、他は口語口文の英訳にして所謂和文英訳である。

○自由作文に於て若し題を定めて綴らしむる時には口語中より材料を取る時は口語料との聯絡上極めて都合がよい。

○和文英訳に用ゐる口語口文は生徒既修の知識にて充分に了解し得るものにして、正しき口語、口文ならざる可からざるは勿論であるが、時には口語読本中に材料を取り、又は口語料々作文に於て生徒の作りしものを英訳せしむることも联絡上大いに有効なる方法である。

○自由作文及和文英訳は共に英文法によりて支配せらるべきである。故に此等の教練に於ては英文法と口文法との異同を比較して、各の特徴を明にせねばならぬ。

自由作文及び和文英訳に口語料の材料を採用し、又文法の教授に国文法と比較することは、英語教授と口語教授が互に豫備となり、又応用となるものである。

◎以上吾人は英語教授と口語教授の聯絡を説けるが更に又英語科の内容と口語科の材料の内容との間にも互に豫備たり、又應用たる関係を有するもの少からず、故に此の方面にも聯絡を忘れてはならぬ。

第二節　修身科

◎吾人は今英語教授と修身科との聯絡関係につきて論ずるに先ち、聊か英語教授に用ゐる内容的材料につきて論じ置くの必要がある。

◎英語科に用ゐる材料は自國のものを取るか、又英国のもの米国のものを取るか、此の問題は既に論じた問題で吾人は大体に於て英国米国のものを取ることを主張した。然らば英米国の材料中更に如何なる種類のものを採るべきか、これは英語学習の目的によりて自ら決せられる。吾人は英語教授の材料は吾人の活動の諸方面を網羅せざる可からずと信ずる、即ち道徳的活動の方面の材料及び知識的活動の方面の材料、政治的活動の方面の材料、及び経済的活動の方面の材料即ち修身、地理、理化、博物、數學、農業、商業工業、美術音樂等の材料を網羅せざる可からず。若し然らざる時は英語學習の實質的利益は充分に收得すること不可能となるからである。

⑩修身科は道德的品性の涵養を務むるものである。正邪善惡と正當に判斷し、正善を愛し、邪惡を惡み、正善を行ひ又此に趣かんとする内部の性質を陶冶して此の目的をよく實行せしむるべく導くものである。

各國には各國の特徴あり、制度文物を異にして居る。故に各國は各自國の道德を發揮する樣力めねばならぬ。從つて修身科に於ても各國各々其國の道德の發揮に力を致さねばならぬ。然れどもまた外國の道德を取りて我の缺を補ふことを怠つてはならぬ。今英語の本國たる英國を見るに其の道德に於て我の採りて以て他山の石となすべきもの少くない。故に我が修身科には彼の長を採るの要がある。

◎以上論ずる所は主として修身教授の徳目と英語教授との聯絡関係である、今又更に修身教授の実質的材料たる例話、訓辞につきては如何であるか。　徳目に於て外国のものを採るの必要あると同一の理由によりて、例話及び訓辞に於ても外国のものを採るの必要がある。

◎尚修身科には日常の儀礼、作法を教授せねばならぬ。而して此等は言語、挙動の二となる、此等は国々によりて異なるものなれば、先づ我国の儀礼、作法を教授すべきは勿論なれども、今日の如き外人との交際の漸く頻繁ならんとする秋に於ては、彼国の作法礼儀を教授することは、彼我の思想感情の融和の為に極めて必要なることなり、此の点に於ても英語科は近時文物教授として大いに注意して居る所である。

◎更に考ふべきは英語中に有する彼等の思想感情の特徴と修身科との関係である。英国民は独立自營を尊び、自由を愛し、平等を好み、実用を重んじ、公徳心に富み、然かも其の気質は胆汁質なりと称せられる。

此等の特徴は彼等の文学、歴史、美術等となりて表はれてゐる。即ち其の綴字の平民的なると、其の言語に階級的敬語的なるものゝ殆んど無きと、其の文法の自由なるとに於て表はれてゐる。又英国人は基督教の国民なり、彼等の文学は基督教の分子を含まざるもの稀である。外国語を学ぶは其国の思想感情を学ぶものなりとせば、英語教授は自ら此等の彼国民の思想感情を教ふることゝなる、（且夫れ英語にあらはるゝ思想感情は前述のものに限らず）故に英語教授に於ては其の英語中にある彼等の思想感情が我が国情と如何なる関係を有するかを考へ、取捨て宜しきを得ねばならぬ。

この般の注意はまた風俗習慣の材料につきても同様に必要である。今日の外国語を学習せるものが時に生意気と嘲られ、ハイカラと笑はるゝは此の般の注意联絡の不足に基くこと大なるのであらう。

◎尚語学は新世界を発見するものである、従つて英語を学習することは生徒の人類に対する観念を拡張するものにして、自ら人道教育に資する所がある。

◎最後に論ずべきは英語教授其物が一種の（修身）訓練なることである。外国語の学習は極めて困難なる事業にして、此が学習を全ふするには大なる勇気と、大なる忍耐と、大なる努力と周密なる注意とを要する、而して此等の諸徳は茲に其の発動の機会を発見し、又茲に養成せらるゝの機会を見出すのである。

第三節 歴史科

◎歴史の一般的教育的価値は

(一)人に過去の出来事人間の行蹟を教へて其の眼界を広くし、人間に関する見識を擴め、偏狭固陋なることを免れしめる

(二)社会の状態を教へる　(三)善悪正邪の闘争の跡を知らしめる、故に勧善懲悪の即ち吾人に教訓を与へるものである。

故に英語科の實質的方面の利益の收得に缺くべからざるもので、從つて英語教授の材料として採用せられたる歴史的材料につきては可及的歴史科と聯絡し、互に豫備となり復習となり又應用となる樣に心懸けねばならぬ。尚歴史科との關係は、歴史が文學と常に結合して居る事である。歴史上の事實が文學として現はれること、及文藝の材料となることは皆人の知る所で、從て文學をも解するに歴史を知らねばならぬ。又歴史を解するにも文學を知らねばならぬ。此の点に於ても、英語教授と歴史教授は離る可からざる關係がある。然るに從來の英語教授を見るに英語の内に出て來る歴史的人物、年代、地名等は單に一の固有名詞なりとの說明を以て說き來り、又講じ去り、甚だしきは其の材料の史的文學にも拘らず、何等の史的說明を與へることなく、又發問せんとせざるを常とした。更に甚だしきに至つては生徒が史的說明を求むるに對して、其の質問以外なる奇異の回答を與ふるものすらあつた。此の如きは實に英語科の実質的利益を度外視するものといはねばならぬ。吾人は英語教授と歴史科との聯絡として、會話作文の材料を生徒の歴史の知識内に取ることを有効なるものと信ずる。

⑨尚歴史科が人道教育者なると等しく、英語科も人道教育者である。歴史科が愛国心の養成者たると等しく英語科も愛国心の養成者である。故に此点につきても両者は共同すべき性質がある。

⑩形式的陶冶上の聯絡も理想としては望ましきことである。

第四節　地理科

①地理は地球及び國土を知らしむるものである、歴史上の事実は、地球上の出来事である。故に地理と歴史は相関聯して離ることは出来ぬ、地理ハ又自然界と人事界とを論ずるものだから理科とも離るべからざる関係が有る。地理が日常生活の事項と関係あることは勿論である。

◎今観みて英語科の実質的目的と対照するに、其関係や極めて密、吾人は茲に其の関係を説明するの愚をアする者である。故に英語教授には地理の材料を必要とすることも亦火を見るよりも明るい。交際の習俗は地理の知識と言語の知識によりて完全に知るを得る、商業は物産の知識と言語の知識とによりて行はれる、新聞雑誌は彼の地名、風俗習慣の知識ありて真正の意味に於ける読方を得る。

◎地理科も亦歴史科と等しく人道教育者たり、愛国心養成者たる実に於て英語科との関係は前述の通りである。

形式的陶冶上の聯結も理想として望ましい。

◎作文会話の材料に地理科の材料を取り来ることも妙である。

第五節　理、理科

第一　理化

◎理化学は形式的には観察を緻密にし、論理的頭脳を作るにある、即ち因果の関係々を明にし、帰納的思考の練習をなすに適じてゐる。実質的方面より見れば自然界の現象を説明して、迷信を除き、自然界を利用して吾人の生を厚くするに用ゐる。

◎英語教授の実質的目的を達するには、此科の材料を採用すべきことは理の当然に然る所である。

◎尚文芸と理化とも亦或程度までは共に歩調を進めることが出来る。

◎終に、英語科の形式的利益と理化科の形式的利益との間に存する一致点につきても教授者は注意をおこってはならぬ。

第二　博物

◎博物科の材料は又英語科教授の好材料である。何となれば動物植物及び鉱物等の性質と其の利用の道とを知らしめ、尚人身生理の知識によりて衛生上の心得を與へ、生物進化の理によりて吾人人類の位置を明にするものであるからである。前述せる如く地理科は博物科と聯絡して其の教授を目的を全くすることを得、而して地理科は英語科と不可離の間にあり、此の點よりするも英語教授と博物教授とは聯絡なしといふことは出来ぬ。

◎博物は又文藝と相關係する。英語讀本の初歩のものが如何に多くの博物的材料を取りて文藝化しつゝあるかは何人も直に知ることを得る所である。殊に近時外國語教授の新法と稱せらるゝ自然法が直觀教授を重ずることを思へば、亦英語教授と博物科との聯絡を忽にすべからざるを知るのである。

◎以上論ずる所の英語科と博物科との關係に於ては英語教授は其中の博物的材料の教授によりて博物教授の豫備となり又復習應用となる。而して博物科より見るも亦英語教授は其の豫備となり應用となるのである。

◎更に博物科の形式的方面の價値を見るに、其の觀察を緻密にするより生徒の注意力を大にし、又其の科の系統的材料なるより推理を養ひ自然界に接するより趣味を養ひ、想像力を進むるの点に於て、英語科の形式的目的と一致するもの少くなり。更にいへば生活の共存てふ事実より受くる道徳的情操は英語科の人道教育に貢する所と関係無しといふことは出来まい。

英語科と博物科との関係如此、故に英作文会話等に博物上の材料を採用する時は聯絡上大いに得る所がある。

◎英語教授と農業との聯絡は、甚しく博物科との聯絡と大差なり。

第七節 算術科及商業科

◎算術は数量に関する知識を与へ、日常の生活、特に経済的の活動に便宜を与ふるものである、而して形式的には観念の綜合分析となし、演繹的思考の機会多く、論理的頭脳の養成に恰好のものである。

◎商業科は商業に関する普通の知識を得しめ、兼ねて勤勉敏捷にして信用を重ずる習慣を得しむるにある。

◎此の両科は共に実際的生活を遠かるべからず、故に吾人の前述せる英語科の実質的方面の利益の収得と大いに相関するものがある。

◎取引に関する書状の書き方の如きは、数学科及商業科に於て授けたるものを英語科の綴方の材料とし、封筒の書き方、書状及び契約証書類の認め方の如きも英語科に移して英語科の書き方綴り方の練習となすべく、又英語読本中の材料中には通貨交通等に関するものの如きは時には商業科及数学科教授の豫備たることを得べく、時には同科教授の結果を説明又は敷衍し若くは結合整理するものとして価がある。

◎右の如き関係のみならず、英語教授は英語教授として当然商業上必要なる会話作文を授くべきものである。何となれば我が国に於ける英語学習の目的は吾人が前述せる所の如くであるからである。

◎尚形式的陶冶の方面に於ても、英語教授は数学科と其の利益を同じくして居る。

第八節　唱歌科

◎唱歌科は一方に於ては歌詞により、一方に於ては楽曲によりて、美感を養ひ、徳性を涵養することを目的とし、他になほ教育的価値としては呼吸器の練習より健康を保ち、其の快感より心機を転換せしめ、又発音機関視官聴官等の練習の効がある。英語科も亦視覚、聴覚及発音機関の練習となし、又趣味を養ひ、徳性の涵養を為す。此等の点に於て両科は聯絡するといふよりも寧ろ其の目的を同一にせるものである。

◎抑々音楽(唱歌)は詩歌及楽曲の二者よりなる。詩歌は唱歌の形となりてその本領を完全に発揮する。故に詩歌の真味は之を唱歌の形と為して後知らるべきものである。従つて英語科に於て教授する詩歌は之を適当なる楽譜に上せ生徒をして唱歌せしむるにあらざれば充分なる教授の効果を収むることは出来ぬ、故に吾人は英語科に於て教授する詩歌は唱歌科と共力して唱歌せしむることを希望する、然れども此の如きは現今にては殆んど不可能の事。故に吾人は一歩を譲りて、英語科の教師たるものは、相当なる音樂上の修養を為し以て英詩歌の教授に当りて之を適当の樂譜に上せ以て唱歌として生徒に聞かしむることあるを望むものである。

◎尚又英語の詩歌にして我が詩歌に翻譯せられたるものの如きは英語教授に於ては音樂（唱歌）科との聯絡を考へて彼此相補ふことを忘れてはならぬ。

◎以上述べし如く英語科教授と他の学科教授との間には極めて様々の関係ありて互に聯絡を取る事に力めねばならぬ。されども之が為に英語教授の中心点を失ふ如き事があってはならぬ。

學習法

一体教授は生徒の学習の方法と相俟ってよく其の効を収め得る。殊にこれは語学の如き困難なる学科に於て然りである。其故に教師は教授の方法につき苦心するのみならず、生徒の学習の方法につきても注意せねばならぬ。今日我國の教授法は大いに改良せられ、大に進歩して来た。併し未だ学習の方法につきての研究は左程に出来て居らぬ様である。之は遺憾である。故に吾人は左に中学校生徒に示すべき学習法を書いて見たのである。

Some Hints on Learning English

— Hamamatsu Second Middle School —

(1)

Some Hints on Learning English.

I. The material for the study of English is
but in the 4th and 5th years, vice versa.

IV. Meaning

Ⓐ. In home-preparation of Meaning first read the material through, and then

(I) taking up the new words and phrases, study

(1) the meaning, (2) accent, (3) spelling,

Some Hints on Learning English.

I. The material for the study of English is divided into
(1) pronunciation, (2) spelling, (3) meaning,
(4) conversation, (5) writing, (6) dictation,
(7) grammar, and (8) composition,
for convenience in treating it, but the development of each of these branches can not be perfect unless it is developed in harmony with the others. So one should not attach any particular importance to any one of them.

II. Endeavor to cultivate the ability to get the meaning of the text by oral reading (i.e. without translation), to read aloud so as to be understood by one's auditors, and to write and speak almost the same English as in the texts; in other words, you should get your knowledge of English as a unity

III. In the 1st, 2nd, and 3rd Years, lay stress upon review rather than upon home-preparation, but in the 4th and 5th Years, vice versâ.

IV. Meaning

(A). In home-preparation of Meaning first read the material through, and then
(I) taking up the new words and phrases, study
(1) the meaning, (2) accent, (3) spelling,

(4) grammatical changes, (5) occasionally synonyms, and (6) antonyms, and

[II] taking up the sentences pay attention (1) to finding out the subject and predicate, (2) to punctuation marks, (3) to grammatical relations between words, phrases and clauses, and (4) to getting the meaning by oral reading.

(B) Mark the new words and phrases, new forms of expression, and difficult points, in the book with suitable marks; as —, ~~~~, O, △, ×, &c., and write these new materials in a note-book or on cards.

(C) Review the readers as often as possible and try to learn important parts of them by heart.

(D) Never put other marks in readers than those mentioned.

V. Pronunciation.

So far as pronunciation is concerned, do not rely upon the dictionary only, learn the pronunciation of new words from your teachers. Master the given pronunciation, being careful about the articulation.

VI. Accent.

Make the accented syllable or syllables of new words clear by looking in the dictionary, or inquiring of the teacher. Mastery is very necessary in this.

VII Spelling.

The spelling of words must be committed to memory one word after another as it is learned. It is a very poor way to try to learn to spell many words at a time.

VIII Oral Reading.

Try to read so as to be understood not only by yourself but also by others. It is more useful to practise reading than to make much preparation before you come to the class.

IX Conversation.

Speak English whenever and wherever you think it fit to do so in and out of the classroom.

X Writing and Dictation

Copy the readers often, and write dictation from books by getting a passage read by another student. Always use pen and ink whenever you write English.

XI Grammar.

Try to learn the rules as well as the examples. Rather put emphasis on review.

XII Composition.

(1) Write compositions without any Japanese original except in the case of translation, but, if you have the originals, do not pay too close attention to them.

(2) Better not use Japanese-English Dictionaries,

VII Spelling.

The spelling of words must be committed to memory one word after another as it is learned. It is a very poor way to try to learn to spell many words at a time.

VIII Oral Reading.

Try to read so as to be understood not only by yourself but also by others. It is more useful to practise reading than to make much preparation before you come to the class.

IX Conversation.

Speak English whenever and wherever you think it fit to do so in and out of the classroom.

X Writing and Dictation

Copy the readers often, and write dictation from books by getting a passage read by another student. Always use pen and ink whenever you write English.

XI Grammar.

Try to learn the rules as well as the examples. Rather put emphasis on review.

XII Composition.

(1) Write compositions without any Japanese original except in the case of translation, but, if you have the originals, do not pay too close attention to them.

(2) Better not use Japanese-English Dictionaries,

unless absolutely necessary, but, if it is necessary, never use the words taken from them before you have had an explanation of them, in English-Japanese or English-English dictionaries.

XIII.

(1) Have five note-books: one for words, one for phrases and idioms, one for grammer, one for dictation and composition, and one for exercises.

(2) In the class-room

(a) be attentive to the difference between your opinion and the teacher's, and the notes the teacher writes on the board, and

(b) put them down in your note-books.

XIV. References

The following are the best for your use.

井上十吉；	英和辞典
〃	和英辞典
南日恒太郎；	熟語辞典
斎藤秀三郎；	英和中辞典
武信由太郎；	和英辞典。

※　※

※　※

—Hamamatsu Second Middle School—

附録

（1）

中等学校に於ける英語教授法調査委員報告

中等学校に於ける英語教授法に関し第一高等学校長法学博士農学博士新渡戸稲造、学習院教授男爵神田乃武、東京外国語学校教授浅田栄次、東京高等師範学校教授岡倉由三郎、文部省視学官大島義脩、東京府立第一中学校教諭中西保人、東京高等師範学校助教授篠田錦策に委員として調査せしめたるに其報告左の如し（文部省）

目項

一、緒言

一、此の報告は中等程度多種の学校に於ける英語の教授法に関するものなれども其の修業期間及程度は中学校令及同施行規則に依るものとして之を調査せり故に此調査事項を他の学校に應用する場合には相当の斟酌を為すことを要す。

二、教授上必要の注意事項は成るべく詳細に之を擧げんことを力めたり叙述簡約なれども活用宜しきを得ば教授上裨益する所少からざるべし。

三、程度は委員等の建議に基き別に選定せらるべき単語表に依り之を定むることとせり同表選定の上就て参照すべし。

◎二、教授事項及其の配当の例（中学校の学科程度に依る）

第一学年（毎週六時）

発音、綴字、最初の教授に於ては専ら単語に就き発音及び綴字の練習を寫さしむべし。

聽方、言方、讀方、書方。　發音綴字の概要に通じたる後は平易なる文章に就きて聽方、言方、讀方、書方を順序に且相關聯して授くべし。

教授の際文法上の説明を要するときは隨時其の要點を指示すべし。

別に選定せらるべき單語表中成るべく平易にして且普通常用のもの、凡そ五分の一を授け之が應用を練習せしむべし。

習字、　本學年に於ては毎週一時を分ち之を授くべし。

第二學年　（毎週六時）

聽方、言方、讀方、書方。―教授の方法は前學年に依り別に選定せらるべき單語表中、普通常用のもの更に五分の一を授け之が應用を練習せしむべし。

(3)
方法に關しては前學年に同じ。
習字―本學年に於ては毎週一時間以内を分ち之を授くべし。

第三学年（毎週七時）

聴方、言方、読方、書方――教授の方法は前学年に依り別に選定せらるべき単語表中普通常識のもの更に五分の一を授け之が応用を練習せしむべし。

本学年以後に於ては習字の為めに別に時間を分たずと雖も書方と関聯して之が練習を力むべし。

文法。―文法の教授は前学年の方法に依るべしと雖も既に授けたる材料中綜合して法則となし得べきものは随時之をまとめ授くべし。此の目的のためには特に文法の教科書を参考せしむることを得。

第四学年（毎週七時）

聴方、言方、読方、書方、――教授の方法は前学年により別に選定せらるべき単語表中更に五分の一を授け之が応用を練習せしむべし。

文法、――前学年に同じ

文法に関する普通の事項は本学年に於て之を授けらるべし。

第五学年（毎週七時）

聴方、言方、読方、書方。――教授の方法は前学年により別に選定せらるべき単語表中更に五分の一を授け之が応用を練習せしむべし。

文法、――本学年に於ては主として既に修めたる事項に就き一般教授と相関聯して之を練習せしむべし。

◎三、教授上の注意。

(一)一般の注意

一、教授は単に生徒をして教授事項を了解せしめたるに満足することなく之を習熟せしむることを力むべし。

二、復習は前回に授けたる部分に止めずして常に反覆復練習せしむべし。

三、教授中教師は生徒の了解し得る程度に於て成るべく英語を使用すべし。

四、新に語句を授くるに当りては音に依るを先とし文字に依るを後とすべし。

五、教授の方法は理論に偏することなく実例を比較綜合して理会せしめ生徒をして正しき語感(Sprachgefühl)を養はしめんことを力むべし。

六、習字の外は特に時間を分たず同時に教授するを本則とす。但し一時限内に於て若干の時を割き主として一方面の練習に用ふる等適宜斟酌することを得。

七、意味を了解せしむる為には必要に應じ英語又は國語に依りて之を解釋し又は実物、繪畫、態度等に依りて之を直指すべし。

八、聽方、言方、読方、書方は各其の目を別つと雖も其の教授は互に相関聯せしむべし、此の連絡を保つ為め教授の材料は成るべく読本にて授けたる語句又は事項と直接関係あるものを採るべし。

九、教授の際努めて東西の人情、風俗、制度等の異同を知らしむべし。

(二) 発音、綴字。

一、発音は耳にて精密に之を聴き分け正確に之を模することを力めしむべし。必要に応じ舌、歯、唇等の位置を説明し、又は発音図を示すべし。

二、発音の練習は何れの学年に於ても之を忽にすべからずと雖も初期の教授に於て特に注意して之を正すべし。

三、「アルファベット」を授くるには其の名称よりも音に重きを置くべし。

四、綴字の教授に於ては先づ常規とすべきものを挙げて之を教へ例外に属するものを後にすべし。

五、発音の標準及符号用法は少くとも一学校内に於ては区々に渉らざる様豫め打合せ置くべし。

六、音韻学の概要は教師たるものの必ず研究すべきものなれども直に之を生徒に授くべからず。

七、地方固有の訛音に基因し英語教授上妨碍となる点は嚴に之を矯正すべし。

（三）聽方、言方

一、方言の教授は聽取りたる語句を明瞭且正確に了解し之を反覆せしめ又は語を換へ或は章句を変じて之を言ふことを習はしめ進みては自己の思想を自ら言ひ得るに至らしむべし。

二、聽方、言方練習のためには讀本中の材料、日常の出来事又は絵画実物等に就きて教師生徒と問答し、又は生徒中數人を指名して対話せしむる等適宜の方法を取るべし。

三、一時限の教授に於て各生徒をして一回以上は必ず発言せしむるを可とす。

四、時々生徒をして斉唱せしむるを可とす。斉唱は或は數人の生徒を組み合せて或は一列の生徒に課し又は全学級に課する等適宜の方法を取るべし。

五、生徒の力に應じ正確明瞭に会得せる文章に就き時々暗誦を課すべし。

(四) 讀方

一、讀方に於ては自ら原文の意味を明瞭且正確に了解するは勿論、他人にも了解せらるゝ様抑揚緩急等に注意し誦讀せしむべし。

二、讀方は特に聽方、言方、と密に関聯すべきものなれば之を授くるに當りては先づ聽方、言方の練習を爲し始めより教科書を開かしめざるを本則とす。

三、従来慣用せる「訳解」は之を教授上の一目と認めず英語の意義を了解せしむる一の方法とす。

四、國語に解釈する場合には口語と文語とを問はず正しき口語を用ひ成るべく精密に原文の意味に適應せしむべし。

五、一語一語の意義を授くるに止まらず、まとまりたる章句の意義に通達せしむるを要す。又成句熟語等は之を單語に分解して其の構成を知らしむるを要す。

六、國語を媒とせずして直接に英語の意味を領得せしむるを要す。

(五) 習字

一、字体は讀み易く書き易き實用的のものを選ぶべし。

二、習字を授くる際生徒の姿勢及「ペン」の用法等に注意すべし。

三、書き方を授くる場合に於て常に文字の巧拙に注意すべし。

四、習字手本の語句文章は先づ其の讀み方を授け然る後之を書かしむべし。

五、教師は習字に於ても生徒の模範たるべきものなれば常に正しき文字を書くことに注意すべし。

六、時々作文を浄書せしめ又讀本等に就き浄寫せしむべし。

(六) 書方

一、書方を授くるには謄寫及書取を以って始め漸次自ら文を綴るに至らしむべし。

先づ綴字の誤謬を嚴重に正し又頭文字、句讀点の用法、章句の構造慣用語句の用法等に習熟せしめ結局平易明瞭なる英文を以て簡單なる思想を綴り得るに至らしめんことを期すべし。

二、書方教授は綴字、聽方、言方と密に關係せしむべし。

三、教授の方法は生徒の進度及其の他の事情を顧慮し場合に依り変化すべきものなれば一定の標準を示し難しと雖も凡そ左の諸例を參考し適宜之を課すべし。

(一)徐に單文朗讀し語句を逐ひて之を書取らしむこと。

(二)單文を朗讀し其の意味を聽取らしめたる後之を筆記せしむること。

(三)缺語ある文章を與へ之を充塡せしむること、

(四)言方又は読方に於て練習せる事項を記憶に依り記述せしむる

こと。

(五)單文、複文、複文を交互に改作せしめ又は能動と受動との変換、直話法と間話法との変換等を認めしめること

(六)國語を英語に訳せしむること、

(七)記述すべき事項の梗概を與へ之を綴らしむること、

(八)使用すべき語句を授け之を綴らしむること

(九)課題を與へ自由に文を綴らしむること、

四、書方訂正の方法は生徒学力の進度に應じ或は單に誤謬を指摘して自ら之を正さしめ、或は生徒をして互に訂正せしめ、或は教師之を訂正し生徒をして浄書せしむる等適宜工夫すべし。

(七)文法

一、文法は先づ一般普通の法則に熟達せしむるを主とし綱則除外例等を授くるは成るべく之を後にすべし。

二、文法の教授は文法として一定の形式又は用語に拘泥することなく必ず言方、読方、書方と関聯して既に授けたる材料に基き其中に存する法則を會得せしむるを主とすべし。

◎四、生徒の自習に関する注意。

一、教場に於て授けられたる事項を復習する習慣は勉めて最初の時期より之を養ふべし。

二、習字は常に家庭に於て之が自習を課すべし。

三、第三学年に至らば豫習を課すべし、而て豫習を課する場合には生徒の自ら了解し得ざる事項は豫め之を教へ又は自ら之を調ふる方法を指示するを要す。

四、適當の機會に於て辞書の用法を授け其の使用に慣れしむべし。辞書を用ふる場合には單に原語の意味を捜索するに止まらず其の発音及文法上の変化為に同語異議に注意すべし。

五、生徒用辞書と教師用辞書とは成るべく之を一致せしむるを可とす。第四学年以上にありては対訳にあらざる辞書を使用せしむべし。生徒の使用する辞書の範囲内に於て説明し得る事項は成るべく之に依るべし。濫りに繁多の説明を附加するは特に之を必要とする場合を除く外概ね其の自習の念を沮喪せしむる弊あり。

六、和英辞書を使用するは主として既知の英語の記憶を喚起する手段なることを知らしむべし、若し和英辞書に於て未知の英語を索当したるときは更に他の辞書に依り其の語の意義を確めたる上之を使用する習慣を養はしむべし。

七、教科書に記入を為すことは一般に之を禁止すべし、特に発音を仮名にて表はすことは初歩の場合に於ても之を禁ずべし。

◎五、教員及編制に関する事項

一、一學級は一人の教師にて担任するを原則とす、但外國教師を交ゆる場合は此限にあらず。

二、教師は互に連絡を保ち教授上の統一を圖ることを要す、一學級を数人の教師にて分担する場合には特に此點に注意すべし。

三、主任教師を置き教授上一切の計畫を立てしめ他の教師をして其の方案に從ひ教授せしむべし。

四、主任教師は担任の餘暇常に他の教師の教授を參酌し又時々打合せ会を開きて批評、協議等を爲すべし。

五、男女を問はず外國教師を置くを可とす。

六、外國教師の担任は發音會話等一方面に限るべからず教授方案を授け各方面の教授を爲さしむるを可とす。

七、外國教師の教授は特に他の教師の教授と連絡を保たしめ孤立

（10）

することなき様注意すべし。

八、一学級の生徒数は成るべく少数なるを可とす。

九、教師は自己の発音に注意すべきは勿論なれども第一学年を担任するものは特に正確なる発音を為す者たるべし。

以上。

昭和三年一月十五日印刷
昭和三年一月二十日發行

（非賣品）

著者兼發行人　濱松市鴨江町一三〇〇番地
杢田與惣之助

印刷人　濱松市元城町一七三番地
福田安知

印刷所　濱松市元城町一七三番地
株式會社開明堂

解題

江利川 春雄
（和歌山大学教育学部教授・日本英語教育史学会会長）

松田與惣之助『英語教授法集成』一九二八（昭和三）年

松田與惣之助（まつだ・よそのすけ　一八八二～一九六〇）は、静岡県立浜松第二中学校（浜松西高校の前身）校長時代の一九二八（昭和三）年に、『英語教授法集成』を私家版として刊行した。この本は戦前期における最も包括的な英語教授法研究書で、英語教育および英語教授法を歴史的に考察し、内外の広範な所説を紹介している点で、岡倉由《よし》三郎の『英語教育』（一九一一）などにはない特徴をもっている。

『英語教授法集成』は、英語教育に関する岡倉（一九三二）、石黒（一九三三）、寺西（一九三三）、定宗（一九三六）、山本・丸山・定宗（一九三七）、赤祖父（一九三八）などの著作で取り上げられており、日本の英語教授法史を語る上で不可欠の文献である。

しかし、本文は手書きの謄写刷（ガリ版刷）で、少部数発行された非売品にすぎない。そのため、現在では大学図書館に四冊、個人蔵を加えても一〇冊ほどの存在が確認できるだけで、文字通りの「幻の名著」である。手書きの謄写刷のため判読困難な箇所もあるが、学術的な価値の高い資料ゆえに、困難を厭わず読んでいただければ幸いである。

なお、松田與惣之助と『英語教授法集成』については、江利川（一九九一、一九九三、二〇〇八）などで詳細に論じているので、本解題では概略にとどめたい。

夽田與惣之助について

夽田與惣之助（一八八二～一九六〇）は明治末期から昭和戦前期に、小学校訓導（現在の教諭）、旧制中学校および師範学校の英語教師、同校長、英語教授法研究者、道徳教育者として教育現場の第一線で活躍した。彼は滋賀県に生まれ、滋賀県師範学校を卒業後、小学校訓導を経て、地方長官（知事）の推薦で一九〇四（明治三七）年に広島高等師範学校に入学した。一九〇八（明治四一）年三月に本科英語部を卒業後、愛媛県師範学校に赴任した。その後、福岡県立中学伝習館教諭、静岡県立浜松中学校教諭（のちに教頭）、静岡県立浜松第二中学校校長、滋賀県師範学校校長、岡山県師範学校校長、大津女子実務女学校学監、洛陽女子学園理事を歴任した。

夽田は多くの著書・論文等を著している。筆者が確認しただけでも、その数は著書七、論文一四、翻訳二、授業資料一である。このうち、英語教育および英語教授法に限っても次のような業績を残している。

夽田與惣之助（1928年頃）

翻訳「外国語の教授法を如何にすべきか」『教育実験界』第二〇巻八、一〇、一一号に連載（ペンネーム「木公生」）、一九〇七（明治四〇）年。＊イェスペルセンの *How to Teach a Foreign Language*（英訳版一九〇四年）の抄訳。

授業資料『英語教授法綱要』謄写刷、全一七〇ページ、一九〇九（明治四二）年。＊英語教授法の教材として愛媛師範学校の生徒に配付したプリント集。

論文「余が英語教授に於ける経験の一端（Some Observations on the Teaching of English）」『英語教授』第二巻第五号、一九〇九（明治四二）年一〇月。

論文“HOW TO LEARN ENGLISH”『英語教授』第四巻第四号、一九一一（明治四四）年六月。＊一部を改訂し、『英語教授法集成』（一九二八年）に付録として収録（後述）。

論文「英語科の理想を論じて同科の設備を要求す」『教育実験界』第二七巻第五号、一九一一（明治四四）年。

著書『英語教授法集成』私家版、一九二八（昭和三）年一月。

論文「師範学校の英語教育」広島文理科大学内英語英文学研究室編輯『英語教育』第一巻第三号、一九三六（昭和一一）年一一月。


なお、沓田が校長を務めた浜松第二中学校では、英語教員から成る「英語教授研究会」を組織し、一九二九（昭和四）年一〇月には全一三ページの英文パンフレット“ENGLISH TEACHING: ITS THEORY AND PRACTICE PART I”（非売品）を活版刷で発行している。内容は（一）我が校の英語教授の目的、（二）我が校の教授法、（三）各分科の目的と教授法、（四）五年間の英語科課程表、（五）我が校の英語学習法の五部からなる詳細なものである。また、生徒用として、沓田は前述の“HOW TO LEARN ENGLISH”（一九一一）を改訂して手書きによる英語学習法“Some Hints on Learning English”（英文）を作成し、『英語教授法集成』にも附録として収めた（後述）。なお、『英語教授法集成』の筆耕は、沓田を含めた六人が担当したと筆跡から推定できるから、浜松第二中学校内英語教授研究会の教員たちが協力したものと思われる。

以下、『英語教授法集成』の内容的な特徴を述べたい。

『英語教授法綱要』（一九〇九）との関係

杢田は愛媛県師範学校教諭時代の一九〇九（明治四二）年に、「教室筆記の労と時とを省略するの目的」で『英語教授法綱要』を生徒に配付した。これは杢田の筆跡で書かれた謄写刷八四葉のプリントで、京都の杢田家に一セットだけ残されていた希有な資料である。筆者はその全文を注解・解説付きで翻刻したので、詳細は江利川（二〇一〇〜二〇一四）を参照いただきたい。

この『英語教授法綱要』は『英語教授法集成』と深いつながりがある。後者の凡例には「本書は著者がかつて某校〔「我校」を墨で訂正〕の生徒に講義した原稿を基として、これに添削を加えたもの」と記されている。この「我校」とは、杢田が英語教授法の講義を担当できた愛媛県師範学校以外には考えられない。一九〇七（明治四〇）年の師範学校規程には「英語は普通の英語を了解するの能を得しめ知識の増進に資し兼て小学校に於ける英語教授の方法を会得せしむるを以て要旨とす」と明記され、杢田も英語教授法を担当していた。

『英語教授法綱要』は生徒に配付したレジュメであり、他に大部の講義用原稿があったものと思われる。その点に関して、『広島高等師範学校卒業生著作概覧』（一九二七年）には『英語教授法集成』の書名に続いて「明治四十三年四月　菊判五〇〇頁　非売品」と記され、目次構成まで書かれているから、愛媛師範在職中（明治四一年四月〜明治四三年一二月）に英語教授法に関する原稿をまとめていた可能性がある。その完成が一九一〇（明治四三）年四月だとすると、杢田二七歳の著作となり、岡倉由三郎の『英語教育』（一九一一）よりも一年早い。しかし、この一九一〇（明治四三）年版『英語教授法集成』の原本は未発見で、その原稿等も杢田家には保存されていない。

たしかに、一九二八（昭和三）年に刊行された『英語教授法集成』には、一九一一（明治四四）年に出された岡倉の『英語教育』や、一九二二（大正一一）年に来日したハロルド・パーマーに関する記述が見られない。また、「第

二章　本邦外国語教育の歴史」では一九〇一（明治三四）年の中学校令施行規則までの記述しかなく、一九一一（明治四四）年の改正内容に言及がない。明治版の「菊判五〇〇頁」という分量も、一九二八年版の「菊判四九四ページ」と同等である。こうしたことから、『英語教授法集成』（一九二八）の少なくとも基本部分は、幻の「明治四十三年四月」版の原稿に基づいたものと考えられる。おそらく岺田は、師範学校での英語教授法の講義用に書きためた原稿を稿本として『英語教授法集成』と名づけ、それを基にして一九二八（昭和三）年に印刷・出版したのではないだろうか。

なお、『英語教授法綱要』（一九〇九）は全六章二三節〔七章は本文を欠く〕＋教案例だが、『英語教授法集成』（一九二八）は全八章六三節＋学習法＋付録で、節は約三倍になっている（江利川二〇〇八）。したがって、前者と後者の間に幻の明治版『英語教授法集成』が介在した可能性が高い。

包括的で歴史的な教授法研究

『英語教授法集成』は英語教授法の大百科というべき文字どおりの「集成」である。総文字数は約一八七、〇〇〇字で、岡倉由三郎の『英語教育』（一九一一年）が約一一一、〇〇〇字だから、その約一・七倍になる。

『英語教授法集成』の主な内容は、（一）日本の洋学史と英学史、（二）日本の学校での英語科教育の目的とその歴史、（三）欧米の学校での外国語科教育の歴史、（四）欧米における外国語教授法の歴史と現状、（五）英語科の各分野での教材、教授法、教師、教案、設備等の考察、（六）英語科と他教科との関係、（七）英語学習法である。

当時、これほど包括的・体系的な英語教育関係書は他に例がない。なかでも英語教授法史に関しては群を抜く精緻さで、第五章では実に二七節（全一四二ページ）にわたって欧米における外国語教授法を歴史的に紹介し、考察を加えている。本シリーズの第二巻で復刻したマーセルの『外国語研究法』（一八八七）についても二〇ページ余りを割いて詳述している。

定宗数松（広島高等師範学校教授）は『英語研究の文献』（一九三七、六二ページ）で『英語教授法集成』を次のように高く評価している。

> 教授法を歴史的に扱ったものを述べれば、我が国では、現在岡山師範学校長の松田（ママ）與惣之助氏の『英語教授法集成』を先づあげねばならない。之は昭和三年に出来たもので、謄写刷りのものですが、John Sturm から、Luther 等の言語教授に関する主張から数百年に亘るものを網羅している点に於て推奨するに足るものです。

英語教授法史の本格的な研究としては、『英語教授法集成』が日本初の業績であろう。杢田は特にイェスペルセンの見解を高く評価しているようであるが、旧教授法を排斥することなく、学ぶべき点は学ぶという姿勢で記述している。杢田は各項目で内外の学説を豊富に紹介し、自分の見解を提示している。論考は一般論にとどまらず、しばしば学校現場での授業の進め方に関する具体的な方策にまで及んでいる。ここには師範学校や中学校で英語教師だった杢田の経験が反映している。

なお、兵庫県御影《みかげ》師範学校教諭の脇屋督も『最新外国語の学習と教授』（一九三一年改訂増補版）で三章にわたって二九の教授法を紹介している。先進的な師範学校では、こうした欧米の教授法研究を進めていたようである。

英語科教育目的論

第四章第一節では、ゲーテ、グアン、イェスペルセン、ホームス、マーセル、ヴイッヂェリーの見解の紹介と考察に当てた後で、尞田自身が自分の見解を次のようにまとめている（五八〜六〇ページ）。

外国語の学習は世界の距離を短縮して、甲乙互に手を握らしめるのである。しかして相互相知るを得るの結果は、いわゆる四海をして同胞たらしめ、また世界を平和に導くのである。（中略）思想上の交通が可能となった暁には、その学習の当人の頭は広くなって来て、快活なる人物となり、宏量なる人間となり、ここに人格を高めることが出来るのである。すなわちまた一つの修徳上の利益を得るのである。

修身も教えた尞田與惣之助らしい人間教育的な英語科教育目的論である。また、彼の目的論には平和主義・国際主義的なイェスペルセンの影響が感じられ、岡倉由三郎の目的論とも近い。

発音・音声指導

尞田の発音および聴方の教授法は、明治後半からの音声重視の正則英語教授法の流れを体現しており、発音に関しては実に三七ページにわたって詳述している。

聴取《ききとり》（リスニング）に関しては、「聴取力養成の根底として吾人は先づ読方の力を養ふことが必要である。しかしながら聴取力はやはり聴方そのものによって養はねばならぬ」との方針を示し、具体的には「斉唱斉読も有効であり、また暗唱を課するのがよい」としている（二九八〜三〇一ページ）。また、聴取の練習は孤立の音から語、句、節、単文、複文へ、内容は具体的なものから抽象的なものへ、速度は緩から急へと進むべきだと述べている。

岺田は一九〇九（明治四二）年の論文「余が英語教授に於ける経験の一端」においても特に入門期における発音教授の重要性を主張し、愛媛師範学校でも一〇時間をかけて発音指導を行い、その間は教科書を用いていない。

こうした岺田の教授法は、母校である広島高等師範学校の英語教育方針を踏襲したものだった。一九一〇年前後の「広島高等師範学校の英語教育を特徴づけていたのは、Phonetics（音声学）とDirect method（ダイレクト＝メソッド）であった。（中略）日本語を通さないで耳から口へと教える工夫が力説されたのである」（広島大学附属中・高等学校八十年史編纂委員会一九八五、上巻、一四五ページ）。明治末期の先進的な英語教師たちの間では、こうした音声重視の入門期指導が一般的な認識になりつつあった。

語彙・読方・文法指導

岺田は語彙選定の問題を論じ、「普通の語詞〔語彙〕の数は二千乃至《ないし》三千で充分である。吾人は未だ具体的に之等二千乃至三千の語詞の表を示すに至らぬのを憾《うら》むのである」（二三五ページ）と結論づけている。

基本語彙の選定に関する研究が進んだのは一九二〇～三〇年代だった。海外では一九二〇年代以降にThorndike（1921）、Dewey（1923）、Horn（1926）、Ogden（1930）、West（1930）、カーネギー報告書（一九三五）などが相次いで出され、来日したパーマーの「基本三〇〇〇語表」が発表されたのは一九三一（昭和六）年だった。語彙選定が進むにつれて教科書は改善され、外国語としての英語教育（ＥＦＬ）は質的レベルを上げていった。こうした決定的な意味を持つ語彙選定と語彙指導の重要性について、岺田は一連の研究成果が出される以前から主張していたのである。

岙田は岡倉と同様にリーディングを重視している。題材としては「日本普通の生活の上に必須不可欠のものを供給し」「生徒の興味を起す材料から」入り、「文法上の難易によりて先後を定めること」を主張している（三〇三～三〇六ページ）。

文法指導に関しては、「文法を文法として組織的に授けるのは早過ぎてはよくない」として、「中学第三四年位」がよいとしている。

教科書論

「（一）諸家の意見」（一一ページ）と「吾人の意見」（四ページ）の二部からなっており、（一）ではイェスペルセン、ブレアル、ブレントン、スイート、崎山元吉、ブリンクリー、外山正一《とやままさかず》、神田乃武《ないぶ》といった内外の先達の見解に評価を加えている。その上で岙田は、人間形成のために《何を》教えるべきかという題材論を正面から論じている。また、「書物を中心ということを止めて、その書物で教えるといふ様にしたい」という見解も先駆的である（三〇四～三〇六ページ）。

外国人教師・教授細目

第七章の第一三節以降は「英語科学級編制論」「英語科教師論」「英語科担任論」「英語科教授細目論」「英語科教案論」で、どれもユニークな論考である。教師論の中では「吾人は発音読方教授に於いて外人と日本人と二人して教授して、日本人が発音読み方のやり具合を説明して外人教師に発音せしめ、読方せしめたことがある」と自らの経験を語っている。岙田は外国人教師を活用してティームティーチングを実践した先駆者の一人だったようである。

この他、「教授細目は教授の第一歩である」として、教案は「一分の間も徒《いたずら》に時間を費さぬ様にと思へば充分に原稿を作って行ってやる必要がある、すなわち密案の要がある」と述べている。

英語科設備論

岺田の英語教育論の中でも、第七章一八節の「英語科設備論」はとりわけユニークである。彼は、英語教授法が大いに進歩したにも拘わらず、英語科の設備があまりにも不完全で教師も無関心である現状を批判し、新しい教授法が要求する正しき語感（Sprachgefühl）を与え、英国米国の文物（Realien）に接触させるためには、それにふさわしい設備が必要であると主張した。

専用教室は「孤立の一棟」で音的に周囲と遮断され、生徒間の余地を充分に空け、換気、採光、音響に留意し、四周に黒板を置き、図画その他の教具が揃っている必要がある。岺田は後に、英語科の授業定員は一四～一五人が理想であると述べている。

研究室は、例えば「(六) 教授上に必要なる図画、実物、標本、模型等を備へ、ことに室内を装飾して、英米人の書斎の如くなし教師生徒共に此室に入れば、自ら英米に在るが如き感の起る様にすること。尚室内では成るべく英語を話す様にすること」など九項目の要求を掲げている。

教具は「理化、博物、図画、地理、歴史、家事、音楽、習字に必要とする教具の悉《ことごとく》皆《みな》を要求する」。英語はその性格上、これらすべての領域をカバーするものであるとしている。

英語科と他学科との関係

国語、修身、歴史、地理、理科、算術及び商業科、唱歌の各科と英語科との関係を論じている。「必ずや他の諸学科と連結を保って行く要がある。然らずんば、英語科の進歩を鈍くするのみならず、往々にして害を自家の上に、又他家の上に来す憂がある」からである（四三三ページ）。これは全教科を担当する小学校での英語教育において特に重要であろう。なお、この章は目次では「第七章」と誤記されているが、正しくは「第八章」である。

英語学習法

付録として、中学校生徒用の一四箇条からなる英語学習法“Some Hints on Learning English: Hamamatsu Second Middle School”（英文）が付けられている。これは「教師は教授の方法につき苦心するのみならず、生徒の学習の方法につきても注意せねばならぬ」（四五四ページ）との問題意識から作成された。その概要は以下の通りである。

①英語は発音、綴り、意味、会話、書方、書取、文法、作文といった各構成要素が他と歩調を合わせて向上しない限り熟達しない。

②音読によって翻訳を介さずに教科書の意味を理解でき、聞き手にわかるように音読でき、教科書の中の英語とほぼ同一の英語を書き、話せるだけの能力の獲得に努力せよ。

③一、二、三学年のうちは予習よりも復習に力点を置き、四、五学年になったら予習に力点を置け。

④予習においては新出語句を同意語や反意語に至るまで下調べせよ。新出の語句や表現および難解な箇所には適当な印を付け、こうした新教材をノートやカードに書き、教科書にはこれらの記号以外は書き込まない。頻繁に復習し、重要部分は暗記に心がけよ。

⑤発音は辞書だけを頼ることなく、教師から習え。
⑥アクセントは辞書でよく調べ、教師に尋ねよ。
⑦新語の綴りは一度にたくさん覚えようとせず、一語ずつ記憶せよ。
⑧授業の前には、事前の音読が何よりも役に立つ。
⑨会話上達のためには、教室内外で可能な限り英語を話せ。
⑩読本を頻繁に写し取り、他人の朗読をディクテーションせよ。
⑪文法は例文と共に規則を覚え、復習に重点を置け。
⑫作文は自由英作につとめ、原文がある場合でも、それにとらわれすぎないように注意せよ。
⑬単語用、慣用句と熟語用、文法用、書取と作文用、練習問題用の五冊のノートを用意せよ。
⑭参考書目。（割愛）

英語教育史の中の柲田與惣之助

柲田與惣之助の英語教授法研究は、少なくともその基本部分に関する限り、明治末期（一九一〇年頃）に位置づけることによってこそ、その意義と先駆性が正当に評価できる。この時期における英語教授法研究の到達水準を示す指標として、岡倉由三郎の『英語教育』が東の東京高等師範学校を代表するものだとすれば、『英語教授法集成』は西の広島高等師範学校を代表するものといえよう。

『英語教授法集成』は英語教育および英語教授法を歴史的に考察している点において、岡倉の『英語教育』にはない特長をもっている。明治末期における日本の英語教授法研究の水準をトータルに理解するためには、岡倉の

『英語教育』などとともに、答田の『英語教授法集成』の理解が不可欠である。

さらには、明治末期の日本の英語教授法研究は、岡倉に代表される中央の学者たちだけでなく、中等教育を担う地方の教員の手からも体系的な教授法書が編めるまでに成熟していたことも忘れてはなるまい。

答田與惣之助の理論と実践は、乏しい授業時間数と劣悪な教育環境の中で、多くの悩みを抱えながら日々授業実践に励んでいる現代の英語教師に、少なからぬ示唆を与え続けている。

参考文献

赤祖父茂徳編（一九三八）『英語教授法書誌』英語教授研究所（ゆまに書房が『書誌書目シリーズ 三九 近代日本英語・英米文学書誌』として一九九五年に復刻）

石黒魯平（一九三三）「英語教授」城戸幡太郎編『教育学辞典』岩波書店

江利川春雄（一九九一）「杢田與惣之助の英語教授法研究（序説）」神戸大学大学院教育学研究科英語教育研究会『KELT』第七号

江利川春雄（一九九二）「小学校用国定英語教科書の成立と変遷：小学校における英語科教育の歴史（一）」神戸大学大学院教育学研究科英語教育研究会『KELT』第八号

江利川春雄（一九九三）「英語科授業史における杢田與惣之助」伊原巧ほか編『英語科授業学の諸相：青木庸效教授還暦記念論文集』三省堂

江利川春雄（二〇〇六）『近代日本の英語科教育史：職業系諸学校による英語教育の大衆化過程』東信堂

江利川春雄（二〇〇八）『日本人は英語をどう学んできたか：英語教育の社会文化史』研究社

江利川春雄（二〇一〇〜二〇一四）「明治期の小学校英語教授法研究：杢田與惣之助『英語教授法綱要』の翻刻と考察（一〜五）」『和歌山大学教育学部紀要・人文科学』第六〇〜六四号

江利川春雄（二〇一五）「日本英語教育史研究の歩みと展望」『日本英語教育史研究』第三〇号

岡倉由三郎（一九三三）「英語教育」岩波茂雄編『岩波講座 教育科学 第八冊』岩波書店 ＊本シリーズ第四巻で復刻

定宗数松（一九三六）『英語教授法概論』（英語教育叢書）研究社

寺西武夫（一九三三）『英語教授法』（英語英文学講座）英語英文学講座刊行会

広島大学附属中・高等学校八十年史編纂委員会編（一九八五）『創立八十年史』広島大学附属中・高等学校八十周年記念事業会

山本忠雄・丸山学・定宗数松（一九三七）『英語研究の文献』（「英語教育研究」English Teacher's Library）三省堂

脇屋督（一九二七）『最新外国語の学習と教授』青々書院（一九三一年改訂増補版）

【附録】『英語教授法集成』の判読困難な部分の書き起こし

印刷が不鮮明な部分を目視して書き起こしたが、判読が困難なものは〔?〕で、前後から類推できるものは〔…?〕で示した。難解な漢字には振り仮名を付けた。

243ページ

如上《じょじょう》の準備的研究の後に二年又其以上の生徒は動詞の他のテンスを学習しかくて必要の語詞と文典を或程度迄學習して學力を完全にするのである。

（四）ブレアルの方法

ブレアル曰く外國書を讀んで生徒の多少無秩序に収得する語集の外に、生徒の語集を秩序的に増加することを考へねばならぬ。之をなすのに教師は意味又は形の上で連絡ある語の小團について之等を短文に綴り込んで示したり、又は繪畫によつて示すやうにするがよい。卽第一日にはfather, mother, child, son, daughter等の語を教へ、次の日にはHouse, court, garden, street, road – sun, moon, star, cloud, thunder, lightning – the sun sets, the cloud covers the moon, the thunder roars,

249ページ

第三項　教材の排列

以上吾人は語詞教授の方法につきての諸家の研究の結果を提示したが、吾人も之から聊《いささ》か之について論ずる所あらんとする。

先ず論ずべきは教材の排列である。一千乃至二千語は如何なる順序によつて、之を生徒に提出すべきであらうか。之を実用の上よりいへば最も実用的なるものを先にして、比較的實用の度低きものを後にすべく、之を教授上より論ずれば、発音上、綴字上、生徒に簡易なるものを先にして、繁雑のものを後にすべく、之が語詞の内容より論ずれば具体的のものより抽象的のものに移るべきであらう。

然れども之等の諸点は各々特別の研究を要求してゐるのであるから、右の如き空漠なる法則は未だ利大に利するあるに至らぬのである。故に語詞提示の順序はむしろ之を発音、綴字其他の方

250ページ

面の研究を終へたるの後に於て決定するを至當となすのである。併し大体の議論として右述べる所は決して誤でない。但其簡易と称し、繁雑と稱する、其の実盾〔質？〕は如何なるものなるかが茲《ここ》に決定し難い問題である。

第四項　教法

吾人は前に諸家研究の結果を示して、語詞教法上の暗示を得た。

抑《そもそ》も吾人必〔心?〕理上の過程を見るに、吾人の把住を確固たらしめるには唯一の感覺機關によりて印象を受領するよりも、數多の感覚機関による方がよい。又一事物を孤立的に記憶せんとするは難く、之を他の事物と結合して記憶せんとするが易い。又反覆の度重なるに従って記憶は固くなり、反覆

265ページ

ŏ ŭ といふ音を授ける様にしてある。又古く熊本氏の讀本には ă m p b n t d ĕ s ĭ ŏ ŭ nk ng c〔?·〕x ā ō ī r s t v ū h ee w sw tw gu y c k ce ck g j ge dge sh ch tch wh th〔?·〕ts ds といふ順序に排列してある又曽《かつ》て岡倉氏の女子用グローブリーダーには読方の準備課として巻首に p·e·n, p·i·n, t·e·n, m·en(ママ), n·e·t, g·u·n, s·u·n, h·u·t, d·o·g, h·o·t, p·o·t, sh·i·p, f·i·sh, d·i·sh, k·i·ng, r·i·ng, w·i·ng, l·i·ck, p·e·ck, k·i·ck, f·o·x, b·o·x, v·ex(ママ), b·u·n·ch, b·e·n·ch, j·u·m·p, wh·i·ch, th·i·n, th·i·ck, th·i·s, th·a·t, b·u·zz, qu·i·ck, y·e·s 等をあげ次にアルハベツト順に ĭ ĕ ă ŭ ŏ ee ea ā(-e) āi āy ar, ī(-el ōō ou ow oi oy ôr

282ページ

て剣道が学べると思ふのと同様である。発音上微細の点があり又見る能はざる部分あるは剣道に勝ってゐる。其故に特別の能力ある人にあらずんば到底此法では学ばない。

◎第二の欠点は微細の音の区別はやらなくなつてもよいとした事である。併し此考は大に宜しくない」。といつて実際的音韻学の要をとき

◎又イエスペルゼン氏は音韻学の大体を具体的に教授することは極めて必要なことであつて其困難であるといふのはやり方が拙なるに由るのであるといつて実例を示し、而して之による時は生徒の発音が大に外國語の其に近付いて来ると論じてゐる。又氏は音韻学上の符号も之を教授して行つた方がよいといふことを種々に説明してゐる。まづ之は生徒をしてよりよく発音を把束せしめ、又発音せしめることができる。勿論単に其符号を示したからといふて其音がよくなるといふのではないけれども、之を用ゐるために教師は大に労力と時間とを省くことができる。生徒は又符

313ページ

外に「其は窓である」といふが如き語も教へることができるし又大抵の行為は之でやれる。かくの如くにして生徒は多数の語や文章を訳することなしに学習することができる。のみならず稍《やや》進むに至つては動詞すらも之で知らすことができるのである。

◎第二、は間接直觀であつて、之は繪画によるのである。さて此法はゴルドシュミットが其著「ピクチャワーヅ」其他〔?〕種の書に大に用ゐたもので其書物は同一系統の觀念に屬する物体の画とか或は光景を示す画とかでみちてゐる。又現在に於て独乙の学校及丁抹《デンマーク》の学校でも此の繪画を盛に用ゐてゐる。教師は其画を指示しては、其說明を外國語でやるのである。尚繪画は物語類等を図解したものをも用ゐるのである。

355ページ

かろう。其文は第一段としては、読本中から採つて来るし、第二段としては読本中からの文章を極めて僅《わずか》変更して用ゐる。

かくて進んだ生徒になれば全く新しい文章を用ゐることにする。其は黒板上に書取らしめる事もあり、又雑記帳石板の上に書取らしめることもある。又一人の生徒だけに黒板に書かしめて他の生徒は雑記帳又は石板に書かしめてよい。かくて訂正は時には生徒にやらす、若し黒板が澤山あれば数名の生徒に同一の文章又は異つた文章を書かしめるがよい。かくて字体は発音符号か又は普通の綴字か、又二三の生徒を別々にして後に両者を比較してもよい。又問の文だけを書取らしめて、其に答の文を書かしめることもやる。又一文を第一人称で書取らして其を其他の人称でも書かして見るがよい。書取に於ては其生徒の学力に応じて或は読み方の緩急、切り方、或は句読点

357ページ

第七節　言方

◎話方は作文と等しく思想発表上、極めて大切なる仕事であり、而して之が教授としては、作文と全く同一である。但し、一は筆に依り、他は口舌によるの差がある。而して其の困難の度は作文に勝る。何となれば、言方に於ては迅速といふ事が必要である。瞬間に口舌上から出て、言語となるを要するからである。作文に於ては充分に思考して訂正又訂正を加へ得る場合が多い。如何に繁忙なる時といへども、言方の如く出て来るままに他人に領得せられるが如き比でない。思想が迅速に言語となって出で、然かも、之に誤謬が無い様にするのは、一に練習の力に俟たねばならぬ。一体語学の学習に於て重要なることは、反覆練習にあるが、作文と言方に於ては、殊に然るを見る。之は作文と大同小異の性質のものであり、而して、其詳細の研究は作

409ページ

◎さて我國の中等學校の語學教師としては大學の出身者、高等師範の本科英語部の卒業生、同英語専修科の卒業生、外国語學校其等の卒業生及検定試験合格者である。而して形式上其最も正則なる養成を受けたものは高等師範学校の本科英語部の卒業生である。彼等は修身、教育、國語、漢文、歴史、哲學、言語學等の直接及間接に英語教師となる爲に必要なる學科を履修して居るのである。

◎吾人は独乙に於て又我國に於て近世外國語の教師の大部は自國人であることを見、ことに独乙のプロイセンに

於ては外國教師雇入を禁ずるの注文すらあるのである。其れでこれで《ママ》これについて研究せうと思ふ。吾人は外國人の日本語に精通して居り、然かも其の外國語を専問《ママ》に研究した人であつて、其國語を外人に教授するのを目的として居るが如き人があつたら、之が一番よいと思ふ。何となれば其人は其國語に充分

429ページ

られてゐたのである。吾人は切に此の冷遇を止めてもらいたいと思ふ。然らば特別教室を作るとすれば、どんな設〔備?〕を要す〔か?〕。一つ要求して見やう。

（一）孤立の一棟にして学校内他の教室より遠かり、又学校外よりの音の防害《ママ》を受けざる所たること。
（二）大さは生徒の列間其他に通行動作の可能なるだけの餘地を存し得ること。
（三）喚気《ママ》採光に充分にして、ことに採光に注意すること。
（四）床上には音のたゝざる様適〔当?〕の敷物を布くこと。
（五）喚気《ママ》、採光に差支なき限り四周に黒板を設くること。
（六）別に記するが如き図画、其他の教具についての設備あること。

二　研究室

430ページ

中等学校に於て英語の特別教室の有る所が従来殆ど皆無であつたといふのであるから、吾人が茲に掲げた研究室といふやうなものは勿論皆無である。所謂《いわゆる》研究室とは何であるか。之は他の学科の方に往々在る所の準備室とか標品室とかいふものに生徒教師が英語を研究するのに便な様な設備をしたものである。之は如何に設備したらよいか、例によつて吾人の要求を書いて見やう。

（一）前述の特別教室の隣に位置すること。

（二）大さは後に記するが如き設備をなし得、又一学級の生徒を入れ得ること。

（三）喚気、採光充分なること。

（四）床上には音立たざる様適当の敷物をなすこと。

（五）數面の小黒板を設くること。

（六）教授上に必要なる図画、実物、標本、模型等を備へ、

431ページ

ことに室内を装飾して、英米人の書齋の如くなし教師生徒共に此の室に入れば、自ら英米に在るが如き感の起る様にすること。尚室内では成るべく英語を話す様にすること。

（七）他校、並に自分の学校の生徒の優秀製作物を備付けて奨勵の資とすること。

（八）研究に必要なる新聞、雑誌、図書を備へること。

（九）必要に應じ教師は此室に於て教授することを得る〔様？〕にすること。

◎　三　教具

◎従来は英語科の教具としては唯辞書の二三冊位があげられて居つたのであるけれども、吾人の意見では理化《（ママ）》、博物、図画、地理、歴史、家事、音樂、習字に必要とする教具の悉皆を要求するのである。而して其理由は今述べるのは蛇足を加へることになるから止めておく。今之

英語《えいご》教育《きょういく》史《し》重要《じゅうよう》文献《ぶんけん》集成《しゅうせい》　第三巻
英語《えいご》教授法《きょうじゅほう》二《に》

二〇一七年九月二〇日　初版印刷
二〇一七年九月二五日　初版発行

監修・解題　江利川《えりかわ》春雄《はるお》
発 行 者　荒井秀夫
発 行 所　株式会社 ゆまに書房
東京都千代田区内神田二－七－六
郵便番号　一〇一－〇〇四七
電　話　〇三－五二九六－〇四九一（代表）
印　刷　株式会社 平河工業社
製　本　東和製本 株式会社

定価：本体二〇、〇〇〇円＋税
ISBN978-4-8433-5294-6 C3382